„Anders bin ich überall“

Aufwachsen zwischen den Kulturen

Buch

Aufwachsen in verschiedenen Kulturen, dies wird in Zeiten der Globalisierung und steigender Flüchtlingszahlen immer normaler. Für einen Jugendlichen, der in seinem Zuhause andere Sitten und Bräuche lernt als außerhalb des Hauses gelebt werden, und der in der Schule ein anderes Bild von „richtig“ und „falsch“ widergespiegelt bekommt als von seiner Familie, für den ist das oft verbunden mit der Frage der Zugehörigkeit. Viele crosskulturell aufwachsende Kinder und Jugendiche nehmen Teile mehrerer Kulturen auf und entwickeln eine eigene kulturelle Identität (Drittkultur). In diesem Buch berichten Erwachsene von den Sonnen- und Schattenseiten eines Lebens, das von der Mobilität ihrer Eltern geprägt wurde.

Autorin

Antje Schiffler arbeitet seit mehr als 15 Jahren als Journalistin und Analystin in Deutschland und den USA. Ihre Artikel wurden in einer Vielzahl von deutschen und US-amerikanischen Print- und Onlinemedien publiziert. Sie lebte – als Erwachsene – acht Jahre in den USA und mehrere Monate in Neuseeland. Sie ist Mutter einer deutsch-indisch-südafrikanisch-amerikanischen Tochter. Für die Interviews reiste sie nach Washington, Toronto und New York, hatte aber auch das Glück, auf Ihren Reisen oder zuhause zufällig immer wieder auf interessante „Global Nomads“ zu treffen. Sie wohnt in Frankfurt.

„Anders bin ich überall“

Aufwachsen zwischen den Kulturen

Antje Schiffler

Mit einem Vorwort von
Ruth E. van Reken

Verfasser: Schiffler, Antje
Vorwort: van Reken, Ruth E.
Umschlaggestaltung: Mona Schlapp

Bibliographische Informationen der Deutschen Nationalbibliothek

Die Deutsche Nationalbibliothek verzeichnet diese Publikation in der Deutschen Nationalbibliografie. Detaillierte bibliografische Daten sind im Internet über http://dnb.ddb.de abrufbar.

ISBN 978-9-463-42990-0 (e-Book)
ISBN 978-9-463-42991-7 (Taschenbuch)
ISBN 978-9-463-42995-5 (Hardcover)
Erste Auflage, 2017

Druck und Herstellung: vonjournalisten.de *Mybestseller B.V.* Delftsestraat 33, NL-3013 AE Rotterdam

Printed in Germany

Inhalt

Danksagung

Mein Dank gilt meinen Interviewpartnern, von denen bei weitem nicht alle in diesem Buch direkt zu Wort gekommen sind. Ich durfte unzählige inspirierende und anregende Gespräche mit außergewöhnlichen Menschen führen, und für diesen Austausch von Gedanken und Ideen, für diese vielen Eindrücke werde ich für immer dankbar sein. Die meisten Gespräche wurden 2015 und 2016 geführt. Ich danke meinen Gesprächspartnern herzlich für die Genehmigung, ihre Erinnerungen, Erfahrungen und Gedanken in diesem Buch teilen zu dürfen.

Mein ganz besonderer Dank gilt Ruth E. van Reken für ihre Unterstützung bei diesem Buchprojekt und dafür, dass sie ihren Erfahrungsschatz so großzügig mit mir geteilt hat. Ich hoffe sehr, dass ich dazu beitragen kann, dass ihre klugen Worte im deutschsprachigen Raum Gehör finden.

Aber am allermeisten bin ich natürlich dankbar für meine Tochter, ohne die ich mich diesem Thema nie so intensiv gewidmet hätte.

Vorwort von Ruth E. van Reken

Die Kunst des Geschichtenerzählens ist so alt wie die Menschheit selbst. Erzählungen überliefern seit jeher Geschichte von einer Generation zur nächsten. Familien halten ihr geistiges Erbe und ihre kulturelle Identität so über Generationen am Leben und geben sie an die jüngsten Mitglieder ihres Stammes weiter.

Doch heute kann Geschichte auf so viele andere Arten vermittelt werden, Informationen werden ganz anders geteilt: über das Internet, über soziale Medien oder über das Fernsehen. Verschwindet erzählte Geschichte also in der Bedeutungslosigkeit, brauchen wir keine Erzählungen mehr?

Ganz im Gegenteil, wahrscheinlich brauchen wir „Storytelling" heute mehr als je zuvor. Denn schließlich ist es für Menschen, die sich zum ersten Mal kennenlernen, zunächst einmal wichtig, ein grundsätzliches Verständnis füreinander zu entwickeln. Geschichten können die Brücken bauen, die dabei helfen, das Verständnis füreinander zu stärken. Und in einer globalisierten Welt wird die Herausforderung, dieses gegenseitige Verständnis zu vertiefen, immer größer.

Warum das so ist? Weil die Zeiten lange vorbei sind, in denen die Menschen in Clans lebten, in denen sie in ethnischen oder nationalen Gruppen mit ähnlichen Werten, Glauben, Traditionen, Sprachen und eben auch einer gemeinsamen Geschichte lebten. Die ersten Spuren dieser Veränderungen sind in den Jahren nach dem Ende des Zweiten Weltkrieges zu sehen, als viele Unternehmen begannen, Mitarbeiter ins Ausland zu entsenden. In dieser Zeit prägte sich ein Bewusstsein dafür aus, dass Menschen unterschiedlicher Kulturen nicht gleich dachten oder handelten.

Aus der Überzeugung heraus, dass Mitglieder innerhalb einer bestimmten Gruppe jedoch uniform handeln, entwickelte sich damals eine „Industrie" interkultureller Trainings. Rollenspiele und die Vermittlung unterschiedlicher kultureller Werte standen im Mittelpunkt dieser Trainings, die Menschen aus einem Kulturkreis helfen sollten, Menschen anderer Kulturen und Orte zu verstehen, sich mit ihnen auszutauschen, vielleicht Geschäfte mit ihnen zu tätigen und zusammenzuarbeiten. Damals erschien das eine effektive Vorbereitung zu sein, zumindest wenn die Menschen des entsendenden Landes oder des Gastlandes aus einer der überwiegend monokulturellen Gemeinschaften der damaligen Zeit kamen.

Der Eisberg

Doch schon 1986 warnte der Anthropologe Gary Weaver[i] vor solchen kulturellen Klischees. Er argumentierte, dass jede Kultur ähnlich einem Eisberg sichtbare und unsichtbare Facetten habe: Es gibt das Offensichtliche – Rasse, Geschlecht, Sprache, Kleidung, Tradition, Verhalten – über das wir Annahmen fällen über die tieferliegenden kulturellen Aspekte wie Werte, Ansichten, Weltanschauung und subtile Gedanken. Weaver glaubte, dass wir früher einmal eine Person aufgrund ihrer eher offensichtlichen Eigenschaften einigermaßen schnell als „einen von uns" oder „einen von denen" einordnen konnten. Mit anderen Worten: Wir merkten schnell, ob auch die tieferliegenden Ebenen miteinander harmonieren. Das half uns, zumindest eine relativ klare Ausgangsbasis für das menschliche Miteinander zu finden. Weaver meinte auch, dass mit der Globalisierung und der damit einhergehenden Vermischung unterschiedlichster Kulturen die sichtbaren kulturellen Facetten immer weiter verschwinden würden und dies zunehmend zu kulturellen Konflikten führen würde.

Menschen unterschiedlichster Herkunft würden sich äußerlich zwar immer ähnlicher, was Kleidung, Essen oder sogar Sprache angehe, und sie würden daher annehmen, dass sie sich auch in den verborgenen Ebenen ähneln. Doch wie bei einem Eisberg, bei dem meist auch der unsichtbare Teil dafür verantwortlich ist, dass das Schiff sinkt, seien eher die tieferliegenden kulturellen Aspekte dafür verantwortlich, dass kulturelle Konflikte für Spannungen zwischen Individuen oder Gruppen führen.

Aber was hat das mit Storytelling zu tun? Nun, heute brauchen wir erzählte Geschichte mehr denn je, denn mehr als jemals zuvor in der Weltgeschichte können wir über Menschen auf den ersten Blick keine Annahmen mehr treffen: Das Äußere, die Sprache oder das Benehmen verraten nur wenig über den Hintergrund eines Menschen.

Erzählte Geschichte

Wenn jemand heute zufällig einen Blick auf Michael beim Besteigen eines Busses in Bremen wirft, wer würde da schon ahnen, dass sein bester Freund aus Kindheitstagen in Liberia Kindersoldat wurde? Wer könnte die Geschichte von Alex' Familie erraten, die durch den Zusammenbruch des Ostblocks von einer Welt, in der die ältere Generation nur die Staatsaufsicht kannte, in eine neue Welt katapultiert wurde, die er und seine Generation mit ganz anderen Augen wahrnehmen würde als seine Eltern?

Wer mich sieht, heute eine weiße Hausfrau im Mittleren Westen der USA – wer würde schon erahnen, dass ich in meiner Kindheit von den Geschossen von Maschinengewehren in unserem Vorgarten wach wurde. Niemand könnte etwas von der Angst wissen, die ich in meiner Kindheit in Afrika erlebte, in einem Land, das die meisten meiner heutigen Nachbarn niemals mit eigenen Augen sehen werden.

Ohne unsere persönlichen Geschichten kann niemand auch nur im Ansatz die Welt erahnen, die einen Mitmenschen geformt hat – und die so anders ist als die Welt, in die andere Menschen uns auf den ersten Blick einordnen würden.

Mitte der 1980er hat David C. Pollock[ii] ein Profil für Third Culture Kids (TCKs)[iii] entwickelt – eine Liste von Charakteristika, die sowohl die guten wie auch die schlechten Aspekte des Aufwachsens in verschiedenen Kulturen berücksichtigte. Zweifellos bringt das crosskulturelle Aufwachsen zahllose Vorteile mit sich. Allerdings: Die traditionellen Wege der Identitätsbildung – in der die ganze Gemeinschaft einem Kind die angestammten Sitten vorlebt, so dass es sie erlernen und aufsaugen kann und ein starkes Gefühl der kulturellen Zugehörigkeit ausbilden kann – diese entfallen, wenn das Kind crosskulturell aufwächst.

Mit jedem Umzug von einem Land ins nächste, von einem Ort zum nächsten wechseln die kulturellen Regeln. Viele TCKs lernen, sich diesem ständigen Wechsel anzupassen – und werden oft als Erwachsene ausgesprochen effektive Brückenbauer zwischen den Kulturen.

Doch einige große Fragen bleiben für diese Kinder: Wer bin ich? Wo passe ich hin? Wohin gehöre ich? Wo ist mein Zuhause? Viele TCKs wachsen auf mit dem Gefühl, überall und nirgendwo zuhause zu sein. In den Ländern, deren Pass sie besitzen, fühlen sie sich oft wie „versteckte Immigranten": Wenn ihre Mitmenschen sie das erste Mal treffen, nehmen sie an, dass sie die kulturellen Normen des Landes kennen, dass sie die gleichen TV-Serien schauen – denn oft sehen sie ja genauso aus wie ihre Mitschüler, sprechen vielleicht auch die Sprache fließend.

Aber sie haben in Wirklichkeit die Sitten und Gebräuche eines ganz anderen Landes verinnerlicht und nicht die des Landes, das andere als ihr Zuhause bezeichnen. Anders als bei einem Einwandererkind wird bei TCKs großes Verständnis und Kenntnis der heimischen Kultur angenommen – schließlich ähnelt ihre Erscheinung der der anderen in dem Land ihrer Nationalität.

Ich selbst bin in Nigeria als Tochter von US-Amerikanern geboren, und das macht mich zu einem Drittkulturkind. Über 30 Jahre habe ich aktiv mit TCKs gearbeitet, Texte geschrieben und Vorträge gehalten. Spannend waren die

Reaktionen, die ich von den unterschiedlichsten Menschen bekam. Ich hörte Dinge wie: „Mein familiärer Hintergrund deckt sich nicht mit denen, die Sie beschreiben, aber trotzdem fühle ich mich von der TCK-Thematik angesprochen – wie kann das sein?“

Also *hörte ich ihren Geschichten zu.* Ich entdeckte, dass es in jedem dieser Lebensläufe Phasen in den Entwicklungsjahren gab, in denen meine Gesprächspartner zwischen zwei oder mehr Kulturen hin und her gewandert waren. Einige waren Kinder binationaler Eltern aus unterschiedlichen Kulturkreisen oder Einwandererkinder. Andere gingen auf eine internationale Schule, so dass sie tagsüber in einer anderen Sprache und Kultur lebten als abends, wenn sie nach Hause gingen. Manche gehörten zu einer Minoritätengruppe, waren Flüchtlingskinder oder hatten einfach nur in besonderen kulturellen „Enklaven“ gelebt, ohne je ihr Heimatland zu verlassen.

Und genau wie auch TCKs merken diese Kinder, dass zwar von ihnen erwartet wird, dass sie ohne Probleme in das Ursprungsland ihrer Familie hinein passen und die Traditionen ihrer Vorfahren verstehen, sie merken aber schnell, dass sie „anders“ sind.

Die Liste solcher Geschichten lässt sich beliebig fortsetzen. Da sind diejenigen, die nach dem Fall der Mauer in Osteuropa aufwuchsen und damit in einer ganz anderen Welt als ihre Eltern im ehemaligen Ostblock. Selbst Scheidungskinder erfahren unterschiedliche Umgebungen, wenn sie ihre Woche unter beiden Elternteilen aufteilen.

Es drängte sich die Frage auf: Können Individuen mit so unterschiedlichem Hintergrund alle „in einen Topf geworfen“ werden? Die soziologische Forschung hatte sich bisher ja immer auf eine Gruppe konzentriert – die TCKs oder eben Einwandererkinder oder eben eine der anderen „Gruppen“. Würden soziologische Forschungsergebnisse irrelevant werden, wenn eine übergeordnete Gruppe zu breit definiert würde?

Crossculturelle Kinder

Ich fand, dass die einzelnen Geschichten, die ich erzählt bekam, viele Ähnlichkeiten aufwiesen und die Gemeinsamkeiten sehr real waren. Und so schlug ich 1991 einen neuen Begriff vor, der dem Rechnung tragen sollte und der als eine Art Überbegriff alle oben genannten Kinder einschließen sollte: Crosskulturelles Kind (Cross cultural kid, CCK). So konnten nicht nur die Unterschiede zwischen Einwandererkindern und denen, deren Eltern eine internationale Karriere anstrebten, herausgearbeitet werden; es konnte auch auf genau die Facetten eingegangen werden, die die Erfahrungen dieser Kinder so ähnlich machen.

Suche nach Identität

Und was genau macht das Aufwachsen dieser Kinder so anders als das von denen aus monokulturellen Familien? Die Forschung über Gemeinsamkeit und Unterschiede der Erfahrungen der unterschiedlichen Gruppen von CCK steckt noch in den Kinderschuhen, aber ich denke, eines kann schon einmal als Gemeinsamkeit festgestellt werden: Die Geschichten, die ich von Gesprächspartnern mit verschiedensten crosskulturellen Hintergründen hörte, enthielten genau die gleichen Fragen nach der Zugehörigkeit und der Identität, die ich von TCKs kannte: Wer bin ich? Wo gehöre ich hin?

Und warum ist es so wichtig, dass sich Heranwachsende hierüber klar werden? Jahrelang dachte ich, dies sei nur für die Individuen wichtig. Und das ist sicher richtig insofern, als dass jeder Mensch wissen möchte, wo er hingehört, wo sein Platz in dieser Welt ist. Früher, als Kinder überwiegend an einem Platz und in einer Gemeinschaft aufwuchsen, hatten sie einen Spiegel, der ihnen klar ihre Kultur widerspiegelte, der ihnen reflektierte, wer sie sind. Sie bekamen so ein klares Bild von ihrem „Ich" – zumindest in kultureller Hinsicht. Aber was passiert, wenn der Spiegel sich immer wieder ändert und sie ein immer wieder anderes Bild zurückgeworfen bekommen?

Dies geht an einer Person nicht spurlos vorbei. Einige CCKs werden zu Chamäleons – sie versuchen, sich zumindest an die offensichtlichen Dinge der jeweiligen Kultur, in der sie gerade leben, möglichst gut anzupassen. Dabei vernachlässigen sie zwar bestimmte Aspekte ihrer eigenen, persönlichen Geschichte und Identität, andere nehmen sie aber als „gut angepasst" wahr und sie können akzeptierte Mitglieder jeder Gesellschaft, in der sie leben, werden.

Andere wiederum ziehen sich zurück – zumindest solange, bis sie ihre neue Umgebung, die neuen Rahmenbedingungen gut verstehen. Manchmal treten Depressionen auf, wenn diese Menschen um die Welt trauern, die sie verloren haben und um die Menschen, zu denen sie keine Verbindung mehr haben. Viele lernen über die Zeit, diese Verluste zu verarbeiten und ihre Gaben zu nutzen, aber dies ist oft eine beschwerliche Reise, die lange dauert. Es gibt natürlich auch die Art von Menschen, die überangepasst sind, sich komplett assimilieren, egal, wie ihr eigentlicher Persönlichkeitstyp ist.

Und dann gibt es diejenigen, die aufbegehren, die aggressiv werden. Bei TCKs passiert dies häufig bei der Repatriierung in das Land, das andere als ihr Heimatland bezeichnen, dem sie sich aber weniger verbunden fühlen als der internationalen Umgebung, in der sie aufgewachsen sind. Bei ihrem inneren Kampf mit den Erwartungen der anderen bildet sich bei diesen Personen eine Abwehr heraus, ein Gefühl von „Ich bin nicht wie du, ich will auch nicht sein wie du, und ich werde dich das wissen lassen, bevor du es tust".

Sie selbst empfinden dies oft so, als würden sie ihrer Persönlichkeit besonders treu sein, doch oft entwickeln sie vor allem eines: eine starke Anti-Identität – sie sind alles, nur nicht wie die „anderen" in ihrer Umgebung.

Viele der TCKs, die diese Art der Reaktion bei der Repatriierung an den Tag legen, finden letztlich positive Wege, um sich mit der Welt, die sie ursprünglich abgelehnt haben, anzufreunden. Doch in den vergangenen Jahren habe ich mich immer häufiger gefragt, ob diese Art der Reaktion nicht ein globaleres, verbreiteteres Problem geworden ist, als wir uns das vorgestellt hatten? Ganz besonders, wenn wir an die anderen CCK-Gruppen denken, die auch damit kämpfen, den Platz zu finden, an den sie gehören, an dem sie dazugehören?

So war einer der beiden Täter des Amoklaufs in Columbine[iv] ein Soldatenkind, das in seiner Kindheit oft innerhalb der USA umgezogen ist und sich immer wieder zwischen der Kultur auf dem Militärstützpunkt und dem Leben um ihn herum zurechtfinden musste.

Und der junge Mann, der Studenten an der Universität Virginia Tech[v] erschoss, war das Kind südkoreanischer Einwanderer. In vielen Zeitungsberichten wird er als „verstört" bezeichnet, und es wird beschrieben, welche Schwierigkeiten er dabei hatte, zum einen den Erwartungen seiner Elternkultur zu entsprechen, aber gleichzeitig auch der Kultur, in der er lebte und die seinen Universitätsalltag ausmachte. Beim Lesen dieser Artikel fragte ich mich, ob die Schulpsychologen, die er den Berichten zufolge aufgesucht hatte, jemals an die verborgenen Aspekte seiner Identität und seines Lebens gedacht hatten – jene, die abseits des Campus' auf ihn warteten?

Die Bombenattentäter vom Bostoner Marathon waren Brüder, die mit ihrer Familie als Flüchtlinge mit tschetschenischen Wurzeln in die USA gekommen waren. Auch sie versuchten, ihren Platz in einer Kultur zu finden, die sich drastisch von der ihres vorigen Heimatlandes unterschied. Das Attentat von San Bernadino[vi] wurde verübt von einem Einwandererkind der ersten Generation und seiner Ehefrau, die als Erwachsene in die USA immigriert war und so in eine neue kulturelle Welt kam. Auch die Attentäter von Paris – sie waren dem Pass nach französische und belgische Staatsbürger, aber die Familienhistorie deutet auf ganz andere Werte und kulturelle Gepflogenheiten hin. Die Staatsbürgerschaft allein ändert nicht, wie eine Person denkt oder die Welt betrachtet. Und ich frage mich: was bedeutet dies für uns als Weltgemeinschaft?

Natürlich: Die meisten dieser jungen Menschen, die crosskulturell aufgewachsen sind und mit ihrer Identität zu kämpfen haben, begehren nicht so extrem auf wie in diesen Beispielen.

Aber kann es sein, ist es nur im Entferntesten möglich, dass wenn irgendjemand sich die Zeit genommen hätte, sich ihre Geschichte anzuhören, ihren Kampf davon, dazuzugehören, wenn irgendjemand sich für das Leid interessiert hätte, nicht zu wissen, wie sie dazugehören können – wäre es möglich, dass auch nur eines dieser schrecklichen Ereignisse hätte vermieden werden können? Das kann sicher niemand beantworten. Aber dennoch: Genau aus diesem Grunde glaube ich, dass es so wichtig ist, die Geschichten anderer Menschen zu kennen. Wenn Sie die Kapitel in diesem Buch lesen, werden Sie ein Gefühl dafür bekommen, was für so viele junge Menschen dieser Welt heute Realität ist.

Die Globalisierung bringt viele gute Dinge mit sich – aber letztlich bewirkt sie auch, dass junge Menschen in sich immer ändernden Formen der kulturellen Interaktion aufwachsen.

Und vielleicht werden Sie, liebe Leser, bei der Lektüre dieser Geschichten überrascht. Vielleicht merken Sie, dass einige der Gedanken und Erfahrungen bei Ihnen nachschwingen, dass sie etwas in Ihnen auslösen, das Sie vielleicht nicht in Worte fassen können, und dass Sie sich auf einmal selbst ein wenig besser verstehen. Und Sie werden sehen – auch Ihre Geschichte ist wichtig!

Ruth E. Van Reken
Co-Autorin, *Third Culture Kids: Growing Up Among Worlds*
Mitbegründerin von *Families in Global Transition*
Autorin, *Letters Never Sent – her own story!*

Einleitung: Leben zwischen den Kulturen

Columbine, Bataclan, Olympia-Einkaufszentrum[vii] – drei Namen, die leider auch mit schrecklichen Mordanschlägen verbunden werden, in denen junge Menschen Waffen auf Gleichaltrige richteten. Gemeinsam ist denen, die den Finger am Abzug hatten, eines: Sie navigierten in ihrer Kindheit durch verschiedene Welten, durch unterschiedliche Wertesysteme und kulturelle Referenzpunkte. Der Pulsschlag in ihrem Zuhause, in ihrer Familie, unterschied sich von der Außenwelt, Sitten und Gebräuche waren andere. Sie wuchsen „zwischen den Kulturen" auf – so wie Millionen andere Kinder auch.

Häufiger als zu irgendeinem Zeitpunkt in der Geschichte werden Kinder und Jugendliche heute nicht mehr in den monokulturellen Gemeinschaften der vergangenen Generationen groß. Die Globalisierung bringt nicht nur einen nie dagewesenen Austausch von Gütern, Wissen und Dienstleistungen mit sich, sondern auch eine neue Dimension der Mobilität von Arbeitnehmern und – in deren Schlepptau – oft von ganzen Familien.

Wirtschaftliche Notlagen und die Hoffnung, in einer neuen Heimat ein besseres Leben für sich und die Familie aufbauen zu können, haben Millionen von Menschen aus Zentral- und Südamerika in die USA getrieben, und Menschen aus den ehemaligen Ostblockländern und Afrika ins westliche Europa. Kriege und Konflikte im Nahen Osten und Nordafrika haben zudem die größte Flüchtlingsbewegung seit dem Zweiten Weltkrieg ausgelöst. Ein wachsender Teil der Menschheit im frühen 21.

Jahrhundert ist entwurzelt, verlässt das Land der Vorfahren für weit entfernte Gegenden, die in früheren Zeiten unerreichbar gewesen wären. Die Folge? Monokulturelle Gesellschaften werden weniger, am Äußeren eines Menschen lässt sich immer seltener der Geburtsort erahnen, wie auch die Sprache, die ein Mensch spricht, nicht immer sein Wertesystem preisgibt.

Crosskulturelle Kinder nennen Soziologen Personen, die in ihren Entwicklungsjahren in zwei oder mehr Kulturen gelebt haben oder mit diesen in Berührung gekommen sind. Doch anders als in der vergangenen Flucht- und Migrationsgeschichte kehren die Auswanderer heute – dank der modernen Passagierluftfahrt und des Internets – leichter an den Ort der Vorfahren zurück, bleiben in Kontakt, halten Beziehungen aufrecht – sowohl persönlich als auch virtuell.

Die dritte Kultur

Schon in den 1950er Jahren bildete sich ein Verständnis für das damals neu entstehende soziokulturelle Phänomen heraus. Die US-Soziologen Ruth Hill Useem und John Useem untersuchten zu dieser Zeit das Leben von US-Amerikanern in Indien und beobachteten, dass diejenigen, die als Kinder im Ausland lebten, mehr miteinander gemeinsam haben als mit Gleichaltrigen aus ihrem ursprünglichen „Heimatland" – egal, welches dieses auch sein mag.

Sie benutzten den Begriff „Dritte Kultur", um dieses Phänomen zu beschreiben, und nannten die Kinder Drittkulturkinder (Third Culture Kids, oder kurz TCKs).

Die frühen Studien beschäftigten sich vor allem mit den Kindern, die wegen der Karriere ihrer Eltern zeitweise in einem fremden Land aufwuchsen. Im Gegensatz zu den Kindern von Einwanderern erwarteten diese, dass sie eines Tages wieder „nach Hause" zurückkehren würden, in das Land, dessen Pass sie oder ihre Eltern besaßen. Zu der Gruppe der TCKs zählten Kinder, deren Eltern für internationale Unternehmen, Nichtregierungsorganisationen oder Missionarsgesellschaften arbeiteten, im Militär oder diplomatischen Dienst waren.

Die Vorzüge und Nachteile, die das Aufwachsen in der Drittkultur mit sich bringt, führen zu gewissen Charakteristika, die sich in den Persönlichkeiten vieler TCKs in verschiedener Ausprägung wiederfinden, argumentieren David C. Pollock und Ruth E. van Reken in ihrem Buch *Third Culture Kids*[viii]. Zweifellos: Eine crosskulturelle Kindheit hat zahllose Vorteile. So weisen TCKs in der Regel eine hohe Fähigkeit zur Anpassung und zu sozialen Kontakten, Mehrsprachigkeit und eine gute Beobachtungsgabe auf. Alles Volltreffer für die globalisierte Welt, in der Sprachgewandtheit, interkulturelles Verständnis, Toleranz und Anpassungsvermögen immer wichtiger werden.

Denjenigen, die international aufgewachsen sind, sollten diese Eigenschaften doch buchstäblich in die Wiege gelegt worden sein. Sie sind die Prototypen fürs 21. Jahrhundert, argumentierte der US-Soziologe Ted Ward. Hat sich also in den vergangenen Jahrzehnten ein „neuer Weltbürger" herausgebildet, ein Prototyp für einen Sechstklässler in Großburgwedel, der einen Vorteil hat gegenüber demjenigen, der bis zu seinem 18. Geburtstag nicht aus Castrop-Rauxel oder Tiffin, Ohio, herausgekommen ist?

Sich anzupassen und auf andere Menschen, Kulturen und Situationen einzustellen, wird zur „zweiten Natur", wenn man sich als Kind immer wieder in einer neuen Umgebung einleben muss. Im Unterschied zu demjenigen, der erst im Erwachsenenalter ins Ausland geht, treten Kinder offener an neue Situationen heran, sie urteilen nicht so schnell. Erwachsene hingegen bringen ihre Erlebnisse immer mit ein. Sie fühlen sich auf Grund ihrer Erfahrungen – oder auch fehlenden Erfahrungen – beispielsweise einfach wohler in bestimmten Gruppen, mit Menschen, deren Herkunft ihrer ähnelt. „Wenn ich in einer Gruppe fremder Menschen bin, beginne ich regelrecht, nach Gemeinsamkeiten zu graben", sagt ein TCK, ein anderer ergänzt: „Ich bin Diplomat von Natur aus, ich habe gar keine andere Wahl. Bei jeder Art von Krise versuche ich, Frieden herbei zu führen." [ix]

Norma McCaig[x], eine Pionierin der TCK-Forschung, prägte für das Phänomen, sich mit Leichtigkeit an neue Umgebungen anzupassen, den Begriff des „kulturellen Chamäleons". Von ihr stammt auch der alternativ für TCK verwendete Begriff „Global Nomad".

Manchmal sehen TCKs physisch den Menschen in ihrem Gastland ähnlich, manchmal auch nicht. Spätestens bei der Repatriierung aber erfahren die TCKs oft Unverständnis, wenn sie bestimmte Gepflogenheiten des Landes nicht kennen, die Sprache eventuell nicht perfekt beherrschen oder sich anders kleiden beziehungsweise benehmen als Gleichaltrige – obwohl sie auf den ersten

Blick so aussehen, als ob sie „dazugehören" würden, und ihr Pass auch sagt, dass sie jetzt „Zuhause" sind. So schildert etwa Michael (Kapitel 1) seine Probleme, sich nach seiner Zeit in Afrika im deutschen Schulalltag zurecht zu finden, und Ruth (Kapitel 7) stößt in den Vereinigten Staaten auf Probleme, weil sie das Land ihrer Eltern nur aus Urlauben kennt.

„Sobald eine Familie ins Flugzeug steigt, um für längere Zeit ins Ausland zu gehen, wird diese Familie eine bi- oder sogar multikulturelle Familie, denn das Heranwachsen dieser Kinder wird ganz anders sein als das der Eltern, die oft nur in einem Land aufgewachsen sind", so McCaig.

Zu den Schattenseiten gehört, dass viele TCKs ihr Leben lang Probleme mit Verpflichtungen jeder Art haben. Egal, ob Job, Heirat oder Freundschaft – unbewusst prägt der Gedanke, dass auch diese Station wieder nicht von Dauer ist, für den Rest des Lebens. Wenn Abwechslung und Veränderung die einzige Konstante im Leben sind, wird nicht lange gezögert, eine problematische Situation dadurch zu beseitigen, dass man sich ihr einfach entzieht. Scheidungsraten unter Global Nomads sind hoch, glaubte McCaig. Und hinzu kommt die Angst, sich zu öffnen, sich auf Menschen einzulassen.

Auch Depressionen sind weit verbreitet, denn TCKs durchleben immer wieder Trauer und Abschied – von Freunden und Verwandten, von Haustieren, der vertrauten Umgebung. Verlust und Trauer gehören zu ihrem Leben dazu[xi]. Hinzu kommt oft das Gefühl, nicht dazuzugehören, sich ausgeschlossen oder stets fremd zu fühlen, hin- und hergerissen zwischen Kulturen oder Religionen. Beratungsangebote und Hilfestellungen sind in vielen Ländern nicht vorhanden oder nicht zugänglich, eventuell auch kulturell nicht akzeptiert. Besonders für Teenager ist es schwer, sich in eine neue Umgebung und Schule einzugewöhnen.

Da sich die Kinder und Jugendlichen zumeist mit ihrer „Kernfamilie", also den Eltern und Geschwistern, begnügen müssen, wirken die Erlebnisse in dieser kleinen Gemeinschaft schwerwiegender, die Isolation im Ausland kann daher wie ein Vergrößerungsglas wirken. Großeltern oder ein großer Verwandtschafts- und Bekanntenkreis sind nicht vorhanden oder in weiter Ferne, soziale Netzwerke, insbesondere anfangs, kaum vorhanden, so dass die Abhängigkeit der einzelnen Familienmitglieder voneinander hoch ist. Jede Art von Anspannungen, familiären Stresssituationen und Problemen wirken somit verschärft.

Zudem kann auch die Ausbildung in verschiedenen Schulsystemen zum Fluch werden. Zeugnisse aus einem Land werden im nächsten nicht unbedingt anerkannt. Hinzu kommt, dass etwa Diplomaten und Geschäftsleute im Auslandsdienst oft einen außergewöhnlich guten Lebensstil führen, den sie im Heimatland nicht aufrechterhalten können. Das verschärft den Kulturschock bei den Kindern, die mit einem Mal auf den Chauffeurdienst für den Schulweg oder das Dienstmädchen daheim verzichten müssen. Die Wiedereingliederung in die Ursprungskultur ist somit häufig schwer oder gar nicht möglich, und so findet sich ein Heranwachsender, der sein Leben in Übersee verbracht hat, im Land seiner

Nationalität oft zunächst nur schwer zurecht. Sie sind überall und nirgendwo zuhause, gehören aber nie so ganz dazu. „Man ist immer irgendwie Außenseiter", sagen viele TCKs. Folge eines kulturellen Zwiespalts, eines Wertesystems, das eventuell nirgendwo ganz hineinpasst – außer zu anderen TCKs.

Inwieweit jemand von seiner frühen Erfahrung im Ausland zehrt, sie für sein persönliches und berufliches Weiterkommen nutzen kann, hängt nicht nur von der eigenen Persönlichkeit ab, sondern auch von den Bedingungen, die der Migrant in der Ferne vorfindet.

Ist das Ursprungsland eine „dominante Kultur", etwa eine ehemalige Kolonialmacht, oder kommen besonders viele Landsleute in eine bestimmte Region im Ausland, so bildet sich oft ein starker Austausch unter „Expatriats", und gerade Amerikaner, Franzosen, Briten, Japaner und auch Deutsche können im Ausland auf ein relativ dichtes Netzwerk von Schulen und kulturellen Einrichtungen zurückgreifen. Das macht das Auseinandersetzen mit Sprache, Kultur und Denkweise des Gastlandes manchmal nahezu überflüssig.

Ein bisschen umfassender gedacht: Die Crosskultur

Nicht alle, aber viele dieser Erfahrungen machen auch diejenigen, die weniger den Ort gewechselt haben, deren „Reiseradius" ein wenig kleiner ist, die aber dennoch zwischen den Kulturen hin- und her navigieren – wie etwa Kinder von Einwanderern, die zwischen ihrem Zuhause und der Umgebung zwei verschiedene Kulturkreise erfahren. In der Schule bemerken sie und bekommen zu spüren, dass sie nicht ganz „dazugehören", dass sie eventuell nicht ganz akzeptiert werden. Zuhause mit ihrer Familie gibt es Konflikte, weil außerhalb der vier Wände eine andere Kultur – und damit andere Normen und Werte – vorherrschen als im Elternhaus, in dem die Regeln und oft die Sprache anders sind. Und beim Besuch im Heimatland der Eltern wird abermals deutlich: „Ich bin anders, auch hier gehöre ich nicht so ganz dazu". Zum Beispiel berichtet Hui (Kapitel 5), dass kein Chinese ihn für einen Pekinger halten würde, zu anders sei der Ausdruck, da er seit seinem 13. Lebensjahr in Deutschland wohnt.

So erweiterte van Reken den Begriff TCK und bezog in die Definition der crosskulturellen Kinder alle ein, die in ihrer Kindheit in verschiedene Kulturen eintauchen konnten: Dies schließt Einwandererkinder ebenso ein wie Drittkulturkinder, Jugendliche aus den Transformationsländern des ehemaligen Ostblocks genauso wie Kinder aus binationalen Ehen und Partnerschaften.

Zugehörigkeit und Identität

Aber teilt ein privilegiertes Diplomatenkind mit Zugang zu Swimming-Pool und Hausangestellten überhaupt im Entferntesten Erfahrungen mit einem Kind, das in einer Flüchtlingsunterkunft haust? Gemeinsam ist diesen Kindern eines: Die schwierige Suche nach Zugehörigkeit und Identität – für einen Heranwachsenden immer verbunden mit den Fragen: Wo gehöre ich hin? Wer gehört zu mir? Wo ist die Grenze zwischen „uns" und „euch"? Für einen Teenager, der in seinem Zuhause andere Sitten und Bräuche lernt als außerhalb des Hauses gelebt werden, der im Haus zu anderen Gelegenheiten „das tut man nicht“ hört als in der Schule von Lehrern und Mitschülern, der außerhalb des Hauses ein anderes Bild von „richtig“ und „falsch“ widergespiegelt bekommt als von seiner Familie, der wird es vergleichsweise schwer haben, seinen Weg und Platz zu finden und für sich zu entscheiden, wie und wer er sein möchte, wohin und zu wem er gehört.

Als ob das Heranwachsen, das eigene Ich zu erspüren, nicht schon schwierig genug wären, machen wechselnde Parameter und Perspektiven dies noch einmal schwieriger. Sicher tut sich nicht jeder schwer. Ganz im Gegenteil – die Sprachenvielfalt und das Erlebnisreichtum aus Kindheitstagen werden in der Regel zu wertvollen Schätzen, die den Rest des Lebens bereichern und formen, sich auf persönlicher und beruflicher Ebene als wertvoll und einzigartig erweisen. Aber die Reise dahin ist – wie bei jedem Jugendlichen – eine schwierige, und in wechselnden kulturellen Wertegemeinschaften oft noch einmal eine ungleich kompliziertere.

Ganz klar ist auch: Auch diejenigen, die als Erwachsene ins Ausland gehen oder sich in andere Kulturkreise begeben – beispielsweise durch Heirat eines Partners mit fremden Wurzeln – machen viele Erfahrungen, die denen der CCKs ähnlich sind. Sie können Sprache und auch Sitten, Denkweise und Verhaltenskodizes der ihnen bisher fremden Kultur meistern. Und viele Menschen, die als Erwachsene einige Jahre im Ausland waren, kennen das Gefühl des Kulturschocks, wenn sie wieder ins Heimatland zurückkehren. Auch sie machen die Erfahrung der Entwurzelung durch – aber in der Regel eben nur zeitweise. Denn anders als bei Kindern sind Persönlichkeit und Gruppenzugehörigkeit bereits stärker ausgebildet, die Identität, wenngleich nie statisch, stärker geformt.

1
„Zu wissen, wo ich hingehöre, war der letzte wichtige Schritt, um inneren Frieden zu finden“

Michael, 41

Liberia, Niger, Deutschland

Ein oder zwei Tage, bevor ich mit meiner Familie Liberia verlassen musste, mähte ich den Rasen vor unserem Jugendklub. Ich wollte mir damit ein bisschen Taschengeld dazuverdienen. Auf einmal kam mein Freund Ben angerannt und fragte: „Sag, bist du mein bester Freund?“ „Ja klar“, war meine Antwort. „OK, wenn ich dein bester Freund bin, nimm mich mit. Ihr lauft weg. Alle laufen weg. Wenn ihr mich nicht mitnehmt, dann werde ich sterben. Entweder als Kindersoldat oder als Zivilist, der von den Kindersoldaten getötet wird.“

Ben war damals 16 und das galt als das „perfekte Alter" für einen Kindersoldaten. Ich habe ihn ausgelacht. „Entspann dich, Bruder, wovon redest du? Wir sind in zwei Wochen wieder da“. Aber Ben meinte: „Du und deine Familie, ihr werdet nie wiederkommen. Dieses Land geht in Flammen auf. Du hast ja keine Vorstellung davon, was los ist." Ich war damals erst 14 – ich war fast noch ein Kind und uns wurde nicht gesagt, wie schlimm die Lage im Land war.

Ich bin 1975 in Bremen geboren und habe eine ältere Schwester. Als ich noch ganz klein war, ist meine Familie in den Niger gezogen. Der Ort, Dungas, liegt ganz im

Süden des Landes, gleich an der nigerianischen Grenze. Wir waren dort die einzigen weißen Leute in einem Gebiet von 400 Quadratkilometern. Meine Mutter hatte dort eine kleine Klinik für die Tuareg aufgebaut, ein altes, westafrikanisches Nomadenvolk. Wir haben sechs Jahre im Niger gelebt.

Aber 1981 wurde mein Vater, der als Missionar für die Deutsche Missionsgemeinschaft tätig war, aus dem Land gewiesen, weil er während des Ramadans gepredigt hatte. Er kam von einer Missionarsreise einfach nicht zurück. Er war wie ein Krimineller aus dem Land ausgewiesen worden. Wir – meine Mutter, meine Schwester und ich – wussten erst gar nicht, dass er schon längst nach Frankfurt abgeschoben worden war.

Wir mussten dann auch ganz schnell das Land verlassen. Wir hatten gerade mal zwei Tage Zeit, um unser Haus zu räumen. Das war unsere erste Flucht, unsere erste Evakuierung. Wir sind nach Sinsheim in Süddeutschland gezogen, zur Zentrale unserer Missionarsgemeinschaft. Da mussten wir uns erst einmal an Deutschland gewöhnen und unsere Vergangenheit verarbeiten. Ich habe dort erst richtig Deutsch gelernt. Im Niger hatte ich Hausa gesprochen, die Sprache der Tuareg. Deutsch konnten meine Schwester und ich kaum. Im Sommer 1983 verkündete mein Vater dann: „Ich habe eine neues Jobangebot, und zwar in Liberia."

Ich war alles andere als erfreut, schließlich war ich gerade erst in Deutschland angekommen und hatte Freunde gefunden. Mein Vater hatte ein Jobangebot in der Hauptstadt Monrovia als Techniker für den christlichen Radiosender ELWA. Ich war damals echt sauer! Aber als wir erst mal in Liberia angekommen waren und in ein Haus direkt am Atlantik mit Blick aufs Meer einziehen konnten, habe ich meine Meinung ganz schnell geändert. Das war fantastisch, der Strand und das Meer. Wir sind auf dem Campus des ELWA-Senders in eine amerikanische Privatschule mit ungefähr 200 Kindern gegangen. In der Junior High habe ich auch meine Liebe für Basketball entdeckt. Dort habe ich dann liberianisches Englisch gelernt, und auch das lokale Pidgin, weil ich mit liberianischen Kindern gespielt habe. ELWA, das steht übrigens für Eternal Love Winning Africa und ist der größte christliche Radiosender in Afrika. Er wurde Mitte der 1950er-Jahre von einem amerikanischen Protestanten gegründet.

1985 habe ich Ben kennengelernt, einen liberianischen Jungen, der zwei Jahre älter als ich war und der später mein bester Freund wurde. Er wohnte am Rand des ELWA-Geländes. Wir sind zusammen fischen und jagen gegangen und haben unsere Kulturen geteilt. Wenn wir bei mir zu Hause waren, haben wir mit meinen Spielsachen gespielt, mit Playmobil zum Beispiel. Und wir haben Indianer gespielt, das mochte er genauso wie ich.

Wir sind Blutsbrüder geworden: Wie bei Winnetou und Old Shatterhand haben wir uns mit einem Messer geritzt und uns geschworen, für immer beste Freunde zu bleiben. Wenn wir bei seiner Familie waren – er lebte bei seiner Schwester und ihrem Mann – dann habe ich liberianisches Essen gegessen: Fufu, Pavian- und Krokodilfleisch. Wir sind nachts auf die Jagd gegangen und haben eine Boa Constrictor geschossen. Ich fühlte mich wie Tarzan, wir wohnten ja auch direkt am Dschungel. Außerdem waren auch noch ein Strand und eine gute Schule in der Nähe, was will man mehr.

Ich habe das alles wirklich genossen, und ich lernte die wirklich spaßigen und abenteuerlichen Seiten Afrikas kennen, nicht nur die Armut und das Elend, das die meisten Europäer mit Afrika verbinden. Schon allein die Haustiere, die ich hatte: einen schwarz-gelben Iguana, ein kleines Reh und Affen. Es war einfach der Hammer, in Liberia aufzuwachsen. Damals war es auch noch friedlich dort. Zwar total korrupt, aber friedlich.

Wir hatten auch nie Probleme, wenn wir das ELWA-Gelände verließen, weil wir ja immer mit den Autos des Senders in die Stadt fuhren. Wir wurden nie an irgendwelchen Checkpoints angehalten und hatten auch keine Probleme mit Soldaten. Ich hatte absolut keine Ahnung von den ganzen Problemen, die in dem Land aufstiegen, nichts davon habe ich gemerkt. Ich war ja auch noch ein Kind.

Aber dann änderte sich einiges. Der Name James Taylor erschien immer häufiger in den Nachrichten und immer öfter kamen Regierungsfahrzeuge zu unserer Radiostation. Wir Kinder ahnten zwar, dass irgendetwas los war, aber was genau, wurde uns nie erzählt. Dann im Mai 1990 wurde es ganz merkwürdig.

Meine Eltern sagten zu meiner Schwester und mir: „In drei Tagen fahren wir in den Urlaub, ihr braucht die nächsten Wochen nicht mehr in die Schule zu gehen. Ihr werdet dieses Jahr fünf Monate Sommerurlaub haben, ist das nicht toll?“ Wir sagten nur: „Klar, aber wo ist der Haken?“ Aber sie beruhigten uns: „Es gibt keinen Haken.“ Dann kam der Tag, an dem Ben mich bat, ihn mit aus dem Land zu nehmen. Meine Antwort war: „Ich glaube nicht, dass wir dich mitnehmen können.“ Er fing an zu weinen, umarmte mich und ging weg. Am nächsten Tag stand der Jeep des deutschen Botschafters vor unserer Tür. „Komm, Mikel, schnell, rein in den Jeep“, rief meine Mutter. Wir sind sofort losgefahren, mit nur einem Koffer. Fast alle unsere persönlichen Dinge mussten wir zurücklassen. In der Stadt sah ich, welches Chaos herrschte. Und ich merkte: Ben hatte recht gehabt.

Wir hatten immer total geschützt auf dem ELWA-Gelände gelebt, hinter einer Sicherheitsschranke und mit Strand, dort war alles sicher gewesen. Ben aber hatte am Rande des Camps gelebt und war auch immer wieder in der Stadt. Er war vom Stamm der Gio, das waren die Rebellen, die den Präsidenten James Taylor stürzen und Monrovia einnehmen wollten. Als Gio war er in der Hauptstadt in großer Gefahr, denn in den Augen der Regierungstruppen ist Gio gleichbedeutend mit Rebell.

Die Szenen am Flughafen waren wirklich heftig. Menschen kämpften um einen Platz im Flugzeug, sie schlugen und bissen sich, Mütter versuchten verzweifelt, für ihre Kinder einen Platz zu ergattern. Aber wir mit unseren europäischen Pässen, wir wurden einfach durch die Kontrolle durchgeschoben. Wir konnten einfach boarden und flogen zur Elfenbeinküste.
Drei Monate sind wir dort geblieben und haben im Fernsehen ansehen müssen, wie Monrovia gefallen ist und das Gelände des Radiosenders von den Rebellen

eingenommen wurde. Wir haben die letzten Sendungen von Radio ELWA gehört: Wir hörten die Schüsse im Hintergrund und das Weinen der Moderatoren. Irgendwann dann der letzten Satz eines Journalisten: „Ich muss jetzt das Radio abschalten“. Zum ersten Mal seit 57 Jahren war Radio ELWA still. Wir saßen dort an der Elfenbeinküste und haben nur geweint. Und ich hatte das schlechteste Gewissen, das man sich vorstellen kann. Ben war mein bester Freund, und er hatte mich gebeten, ihn zu retten. Ich habe meine Eltern angebettelt, nach Liberia zurückzugehen, um Ben zu helfen, aber das ging natürlich nicht.

Meine Eltern sagten: „Wir gehen nach Hause.“ Und ich fragte: „Wo ist denn bitte ‚zu Hause‘?“ Ich hatte schließlich 13 Jahre meines 14-jährigen Lebens in Afrika verbracht, mein Zuhause war die ELWA-Station, die gerade in Flammen aufgegangen war.

Ich war mitten in der Pubertät und hatte von einem Tag auf den anderen alle meine Freunde verloren, unfreiwillig. Ich hatte mit einem Schlag sieben Jahre meines Lebens verloren, das tat weh. Wir hatten nicht einmal Zeit gehabt, um Fotos einzupacken, so schnell mussten wir weg. Wie gerne würde ich heute meinen Kindern Fotos aus meiner Kindheit am Strand zeigen!

Und so kam ich nach Deutschland, das meine Eltern „Zuhause“ nannten. Ich gewöhnte mich nur schwer an das Leben in Bremen. Wenn ich auf dem Schulweg Vögel in den Bäumen sah, sagte ich zu meinen Freunden: „Hmm, mit einem Stein könnte ich den abwerfen und daraus heute Abend eine Suppe kochen.“

Meine Klassenkameraden waren ganz entsetzt: „Wovon redest du? Bist du verrückt, du isst Vögel?" „Klar, diese Art Vogel ist lecker, wir hatten die auch in Afrika." Sie stöhnten dann nur: „Ach, du und dein Afrika."

Ich redete ständig von Afrika und von Ben und dass ich zurückgehen wollte. Aber alle sagten mir: „Du bist jetzt in Deutschland und du bist Deutscher, vergiss das. Kannst du dich bitte auf dein Leben hier konzentrieren, du musst erst mal richtig Deutsch lernen."

Eine andere Sache, die ich erst lernen musste, war der Dresscode. An meinem ersten Schultag trug ich Klamotten, die ich in Afrika auf einem Secondhand-Markt gekauft hatte: Ein paar dicke Stiefel, Shorts – und dazu einen schwarzen Pulli mit goldenem Streifen, den mir meine Oma gegeben hatte, weil sie meinte, dass es kalt wird. Es war ja schon Oktober. Als ich in diesem Aufzug in meine neue Klasse kam, wären meine Mitschüler fast von ihren Stühlen gefallen vor Lachen. Ich verstand gar nicht, was daran so lustig war, die Klamotten hatten doch keine Löcher, ich fand sie eigentlich ganz cool. Meine Mitschüler erklärten mir: „Das sind keine Levi's und keine Converse."

Ich verstand kein Wort. So war also mein Start in die 9. Klasse einer deutschen Schule.

Sprache war auch etwas, was mich sehr verletzt hat. Ich konnte kaum Deutsch, obwohl ich Deutscher war, und in den ersten Jahren fühlte ich mich auch nie deutsch. Ich sprach perfektes amerikanisches Englisch. Ich habe die Englisch-Hausaufgaben für meine Klassenkameraden gemacht, und sie haben mir mit den anderen Fächern geholfen.

Aber diese Schule war genau richtig für mich. Es war eine christliche Schule, das hat mir geholfen. Meine Eltern hatten den Lehrern meine Geschichte erzählt und ihnen gesagt, wie traumatisiert ich sei und dass ich erst mal zur Ruhe kommen müsse. Es war auch der perfekte Zeitpunkt, um ins deutsche Schulsystem zurück-zukommen. So hatte ich noch vier Jahre Zeit, mich aufs Abitur vorzubereiten. Das habe ich allerdings gerade so bestanden, weil ich so viel Basketball gespielt habe.

Ich habe ständig trainiert, um meine Gedanken abzulenken. Bis zu sieben Stunden am Tag. So wurde ich professioneller Basketballspieler. Mit meinem Verein habe ich es bis in die 2. Bundesliga geschafft und mir so das Geld für die Uni verdient. Ich habe an der Universität Bremen Sport und Englisch auf Lehramt studiert.

So sind die Jahre vergangen und ich dachte manchmal, dass ich den Verstand verliere. Ich musste mich entscheiden. Ich konnte nicht gleichzeitig Afrikaner und Deutscher sein. Ich musste mich auf die Uni konzentrieren, mein Staatsexamen machen und meinen Kopf klar bekommen. Ich musste mich einfach entscheiden, und nicht den ganzen Tag von Afrika träumen.

Religion war zu dieser Zeit eine große Hilfe für mich. Ich war Sohn christlicher Missionare und ich hatte diese eine große Frage, die alle Traumatisierten haben: Warum ich? Ich konnte keine Antwort finden, und so vergingen die Jahre. Ich begann, mich an meine Situation zu gewöhnen und in allem das Positive zu sehen. Ich entschied mich dazu, Deutscher zu werden. Der Krieg in Liberia ging ja noch 13 Jahre weiter – es gab keine Möglichkeit für mich, in mein altes Leben zurückzukehren, das Land hatte sich ins Mittelalter zurück gebombt. Ich war aus dem Paradies gerissen worden und das Land war zur Hölle geworden. Aber ich merkte auch, dass der größte Fluch meines Lebens gleichzeitig der größte Segen wurde. Die englische Sprache und die Liebe zum Basketball, das war das, was ich aus Afrika mitgenommen hatte, und damit verdiente ich jetzt mein Geld.

Ich habe geheiratet, meine Frau und ich haben ein Haus bei Bremen gekauft und zwei Kinder bekommen. Aber es gab immer wieder Situationen, in denen meine Vergangenheit mich einholte. In den ersten Jahren nach dem Hauskauf hatten wir nur das Notwendigste an Möbeln. Irgendwann wollte meine Frau eine richtig schöne Couch haben, etwas Bequemes und Großes. Meine erste Reaktion war: „Aber wer soll sie denn tragen, wenn die Rebellen kommen?" Das hielt uns wieder vor Augen, wie sehr die Geschehnisse in Liberia mich noch im Unterbewusstsein beschäftigten. Aber im Vergleich zu den früheren Jahren war ich zur Ruhe gekommen und dachte wirklich nicht mehr allzu oft an Afrika.

Bis 2003, da war ich 28. Damals gab es in der Tagesschau häufig Berichterstattung über Liberia, als sich die Lage dort zuspitzte. Die Gewalt nahm ein solches Ausmaß an, dass es die Aufmerksamkeit der internationalen Medien auf sich zog, bis schließlich Präsident Taylor zurücktrat und ins Exil ging. Sie zeigten Bilder von Leichen vor der amerikanischen Botschaft, und ich bin aufgesprungen und habe mir die Gesichter angesehen und gedacht: „Vielleicht liegt auch Ben dort“. Das hat etwas in mir ausgelöst. Und dann – ein Tag im Sommer 2003 hat mein Leben verändert. Es war ein schöner Sommerabend und meine Frau und ich wollten grillen und ein Video schauen. In der Videothek wurde mir „Tränen der Sonne“ mit Bruce Willis empfohlen.

Ich fing an, den Film zu schauen, und ich musste einfach losheulen. Die Bilder, die ich sah, waren einfach zu real. Ich habe alles wiedererkannt. Meine Frau hat den Film nicht anschauen können, er war ihr zu brutal. In dem Film sollte Bruce Willis eine weiße Frau vor den Rebellen retten, die aber nicht ohne ihre afrikanischen Kinder gehen wollte. Da dachte ich: Das ist genau das, was ich erlebt habe. Wie kann ich hier in einem Haus sitzen, in dem in Liberia 30 Leute wohnen würden, und so einen Film mit solch einem Inhalt zur Unterhaltung ansehen?

Die alte Wunde riss wieder auf, ich dachte mir: Du musst Ben finden und ihn um Vergebung bitten. Meine Frau und ich, wir wussten beide: Das war die einzige, große, seelische Narbe, die ich noch in mir trug. Dieses schlechte Gewissen Ben gegenüber, das war diese eine riesengroße, klaffende, seelische Wunde. Ich bin zu ihr nach oben gerannt, habe sie aufgeweckt und gesagt: „Ich muss nach Liberia und meinen Freund suchen. Selbst, wenn ich getötet werde. Denn wenn ich das nicht tue, werde ich eines Tages als unglücklicher Mann sterben.“ Und so haben wir angefangen, Pläne zu schmieden.

Ich bin nach Berlin gefahren und habe mit dem Botschafter und mit Diplomaten gesprochen. Ich habe meine Eltern angerufen und gefragt, ob sie jemanden kennen, der mir helfen kann, nach Liberia zu kommen. Sie sagten: „Auf keinen Fall!“

Alle meinten: Vergessen Sie es. Sie werden Ihren Freund nicht finden können. Eine Million Menschen ist aus dem Land evakuiert worden, 250.000 wurden getötet. Der Rest versucht, sich irgendwie in Sicherheit zu bringen. Und Sie wollen dahin? Es gibt kein Telefon mehr, nur ein paar Handys, das Internet ist runter.

Drei oder vier Wochen passierte nichts. Ich habe mich an Gott gewandt und ihn um ein Zeichen gebeten: „Ich muss wissen, dass du mich auf diesem Weg begleitest. Und zwar in drei Tagen.“ Ich wurde ein bisschen panisch.

Zweieinhalb Tage lang passierte nichts. Aber um 23.35 Uhr am Tag meiner selbst gesetzten Frist checkte ich meine E-Mails. Und eine einfache Sache wie eine E-Mail hat mein Leben wieder geändert: Es war eine E-Mail von einem unserer Hausboys in Liberia. Wir hatten dort einige Hausboys – zum Reinigen und für den Garten. Er schrieb mir: „Mikel, bist du das, erinnerst du dich an mich?“ Und ich antwortete: „Ja klar, was kann ich für dich tun?“

Er schrieb, sie würden dort vor Hunger sterben und bat mich, ihm etwas Geld für Essen zu senden. Die Lebensmittelpreise gingen damals so schnell hoch, sie konnten sich nichts mehr leisten und die Rebellen stahlen alles. Ich habe Paul Geld geschickt und ihm gesagt: „Sobald du wieder auf die Füße gekommen bist, brauche ich deine Hilfe. Ich suche nach Ben. Du hast ihn aufwachsen sehen, du weißt, wie er aussieht. Du würdest ihn erkennen, hilf mir. Ich biete 700 Dollar für den, der ihn mir ans Telefon bringt. Und wenn er am Telefon ist, werde ich ihm drei Fragen stellen, die nur er beantworten kann. Also verarscht mich nicht."

Ein paar Tage später klingelte das Telefon und jemand sagte mir, sie hätten Ben dabei. Er konnte die ersten beiden Fragen beantworten. Dann kam die dritte: „Wo und wann haben wir uns zum letzten Mal gesehen?" Das konnte wirklich nur Ben wissen. Es war eine lange Pause, und ich dachte schon, das ist er doch nicht. Doch dann sagte er: „Das war beim Jugendcamp. Du hast den Rasen gemäht und mich ausgelacht."

Ich hörte ihn weinen. „Mensch, du bist es, mein Bruder." Ich habe ihn um Vergebung gebeten. „Es tut mir leid, dass ich dir damals nicht geholfen habe, sage mir, wie ich dir jetzt helfen kann. Und sag mal, was machst du denn jetzt so, was ist dein Beruf?" Solche Dinge, die man in Deutschland vielleicht fragen würde.

Und er hat nur bitter gelacht und meinte: „Ich bin jetzt ein Flüchtling. Ein ausgebildeter Flüchtling. Ich kann eine AK 47 in zehn Sekunden auseinandernehmen und in fünf Sekunden wieder zusammensetzen. Ich kann in der Wüste Wasser riechen, und ich kann deine Kinder davor beschützen, von den Rebellen manipuliert zu werden. Die Hände meiner Kinder wurden nicht abgehackt. Wir haben überlebt. Ist das nicht genug?"

Wir haben zwei Stunden lang geredet. Wir haben geweint. Und ich habe gesagt: „Also entweder komme ich, oder du kommst." Ich wollte ihn nach Deutschland holen, aber beim Auswärtigen Amt wurde mir gesagt, es gäbe keine Chance, einen ehemaligen Kindersoldaten ins Land zu bringen. Alle Kindersoldaten werden als politische Terroristen eingestuft.

Also bin ich 2004 nach Liberia geflogen. Die Vereinten Nationen hatten die Hauptstadt zu der Zeit gesichert. Wir haben dort drei Wochen zusammen verbracht. In der Zeit sah ich, wie Kinder Ratten aßen und Hunde jagten, um sie zu essen. Es herrschte eine bittere Armut und die Menschen waren traumatisiert. Einmal bei einem Picknick fiel eine Kokosnuss vom Baum und knallte auf den Boden – ich war der Einzige, der stehen blieb. Alle anderen schmissen sich auf den Boden – egal ob Kind oder alter Mann. Alle schmissen sich mit dem Gesicht in den Sand. Da habe ich gemerkt, wie traumatisiert alle waren. Als sie ihren Irrtum bemerkten, standen sie auf und versuchten, es wegzulachen, aber ich konnte die Angst vor Gewehrschüssen in ihren Augen sehen.

Als Ben mir später seine Geschichte erzählte, habe ich gedacht: Das muss die Welt wissen. Es hat lange gebraucht, bis ich dies aufschreiben konnte, bis zum Sommer 2007. Unser Buch *Blutsbrüder* schaffte es auf die Spiegel-Bestsellerliste, wir bekamen auch Einladungen zu Fernseh-Talkshows. Es war schwierig, eine Einreisegenehmigung für Ben zu bekommen, aber schließlich klappte es. Ben und ich traten in Stern-TV auf und gingen dann drei Monate lang auf Lesetour. Wir hatten um die 200 Shows, manchmal zwei an einem am Tag. Außerdem habe ich Vollzeit als Lehrer gearbeitet. Drei Monate Vollstress. Nach der Zeit ging Ben zurück nach Liberia und meinte: „Mensch, das ist zu viel Stress für mich, ich brauche mein Dorfleben."

Seitdem besuche ich mit meiner Familie regelmäßig Liberia. 2012 sind wir sogar für ein halbes Jahr dorthin gezogen. Ich habe gesagt: „Wisst ihr, liebe Kinder, liebe Frau, ich rede ständig über dieses Land, gebe Vorlesungen darüber. Es ist so ein wichtiger Teil von mir, und ihr seid nie dort gewesen."

Außerdem beschäftigte mich immer noch diese Frage: ‚Wo ist mein Zuhause?' Das ist eine Frage, die fast jedes „Third Culture Kid" hat. Diese Frage trieb mich wirklich um, auch weil ich dachte, ich könnte die Welt viel mehr ändern, wenn ich in Liberia wäre, dort für eine Nichtregierungsorganisation arbeite und nicht nur im sicheren Deutschland unterrichte. Und so sind wir nach Liberia gezogen in ein Haus auf dem ELWA-Gelände, sechs Häuser von Ben entfernt. Ich konnte meinen Kindern endlich das Haus zeigen, in dem ich aufgewachsen bin. Sie konnten endlich alles Schöne in Afrika aus erster Hand erfahren.

Und ich habe für mich meine Antwort gefunden: ‚Meine Heimat ist Deutschland, Liberia ist mein zweites Zuhause. Wohler fühle ich mich aber in Deutschland.' Als ich diese Antwort gefunden hatte, fand ich auch meinen Frieden. Dass Ben mir verzieh, war der erste Schritt gewesen, aber meinen Platz in dieser Welt zu finden, zu wissen, wo ich hingehöre, das war der nächste und letzte wichtige Schritt. Mit ausschlaggebend für unsere Rückkehr nach Bremen war auch, dass ich meine Kinder in Liberia wahrscheinlich bis zum Abitur hätte zu Hause unterrichten müssen. Alle Kinder auf dem Campus wurden zu Hause unterrichtet, weil es die amerikanische Schule nicht mehr gab und liberianische Schulen einfach zu schlecht waren. Aber ich halte nichts von Home Schooling, ich bin überzeugt, dass Kinder andere Kinder brauchen. Die Kinder auf dem ELWA-Gelände luden sich nur selten gegenseitig ein, die meisten waren ständig online mit ihren Freunden in den USA. Das war früher ganz anders gewesen!

Und so wohnen wir jetzt wieder in Bremen. Aber meine Kinder quengeln oft: „Wann fahren wir wieder nach Liberia? Wir wollen Bens Kinder sehen und fischen gehen." Ich arbeite nur noch Teilzeit als Lehrer und gebe an meinem freien Tag Workshops zum Thema Flüchtlinge und Migration in Afrika. Ich sehe mich als Brückenbauer zwischen zwei Kulturen. Mit meinen Vorträgen versuche ich, diese Brücke jede Woche für 300 Schüler zu bauen. Ich bin SOS-Kinderdorfbotschafter für Liberia und außerdem Referent und Pate des deutschlandweiten Schulprojekts „Schule ohne Rassismus/Schule mit Courage".

2
„Ich habe früh gelernt: Sei lieber nicht zu anders“

Raquel, 34

Brasilien, Ecuador, USA, Bolivien

Meine Mutter hat mir immer sehr dabei geholfen, unsere Umzüge so leicht wie möglich zu machen. Das Einzige, was wir immer an Möbeln mitgenommen haben, waren meine Sachen. Ich liebte meine Kinderzimmermöbel, es waren pinke Mädchensachen. Auch bei unseren späteren Umzügen waren meine Sachen immer dabei. Meine Mutter wollte, dass ich mich schnell zuhause fühle, dass ich etwas Vertrautes mitnehmen kann, wo immer wir auch hingingen.

Ich bin in Brasilien geboren. Meine Mutter ist Brasilianerin, mein Vater Amerikaner. Er war damals in den 1960ern als Entwicklungshelfer nach Brasilien gekommen und hat sich in das Land – und in eine Brasilianerin – verliebt. Er blieb also dort und bekam mit seiner ersten Frau eine Tochter, meine Halbschwester. Sie ist elf Jahre älter als ich und lebt jetzt in den USA. Die Beziehung zwischen meinem Vater und dieser Frau zerbrach und er lernte später meine Mutter kennen.

Als ich zwei Jahre alt war, ging dann auch die Ehe meiner Eltern in die Brüche. Damals in den 1980ern war es um die Wirtschaft in Brasilien nicht gut bestellt, deshalb suchte meine Mutter einen Job im Ausland. Sie war sehr offen und hat mir davon erzählt, obwohl ich noch so jung war. Als ich neun war, bekam sie ein Angebot in Ecuador.

Ich erinnere mich noch daran, dass sie sich total gefreut hatte, und deshalb war ich natürlich auch happy. Dass ich in ein anderes Land umziehen würde, das fand ich nicht schlimm – oder zumindest erinnere ich mich nicht daran, dass mir das irgendwie Sorgen bereitet hätte. Es hatte für mich auf jeden Fall eine gute Seite: In meiner Schule hatte ich eine schreckliche Lehrerin, und meine Mutter sagte mir: „Hey, mach dir keine Sorgen mehr, was immer sie sagt braucht dich nicht mehr zu interessieren, du bist sowieso bald weg."

Meine Mutter hat auch darauf bestanden, dass wir schon ein paar Wochen vor dem Schulstart nach Ecuador, in die Hauptstadt Quito, ziehen. Sie hat dort Kinder gefunden, die mit mir in die Schule gehen würden, so dass ich schon ein paar Mädchen kannte, bevor die Schule losging. Das hat mir beim Schulstart sehr geholfen.

In Ecuador bin ich auf eine englische Schule gegangen, so habe ich auch besser Englisch gelernt. Ich bin mit drei Sprachen großgeworden: Englisch, Spanisch und Portugiesisch.

Was mich an Ecuador gestört hat, war, dass ich von meinem Aussehen und meiner Art nie so ganz reingepasst habe. Dabei habe ich natürlich auch Spanisch fließend und ohne Akzent gesprochen, das war nicht das Problem. Eher die Art, mich zu bewegen und mein Aussehen haben nicht reingepasst.

Das ist das Gute an Brasilien und den USA: Ich spreche Portugiesisch und Englisch natürlich akzentfrei, und auch von meiner ganzen Art her passe ich hier rein.

Allerdings: In Brasilien habe ich das Problem, dass ich Portugiesisch nicht sehr gut schreiben kann. Das habe ich nie richtig gelernt, weil ich ja seit ich neun war auf eine englische Schule gegangen bin. Das ergibt manchmal komische Situationen, weil natürlich alle annehmen, dass ich Brasilianerin bin. Ich versuche deshalb, wenn ich neue Leute kennenlerne, meinen Hintergrund irgendwie mit in die Unterhaltung einfließen zu lassen – nur damit sich niemand wundert, wenn ich irgendwann mal auf sie zukomme und frage: „Wie schreibt man das eigentlich?"

In Ecuador sind wir nicht lange geblieben. Meine Mutter hat dort einen Kanadier kennengelernt und geheiratet. Er hat für eine Nichtregierungsorganisation gearbeitet, die sich für Kinderhilfsprojekte eingesetzt hat. Mit ihm sind wir dann als ich zehn war für sechs Monate in die USA gezogen.

Ich hatte ja schon in Ecuador gelernt, dass es nicht gut ist, aufzufallen. Ich hatte gelernt: Sei lieber nicht zu anders. In Amerika war es dann genauso. Die Sprache konnte ich zwar schon fließend sprechen, das war kein Problem.

Aber es gab ein Mädchen an meiner Schule, das eine sehr ähnliche Geschichte wie ich hatte. Sie war für einige Zeit in Mexiko gewesen und redete immer davon. Ich bekam irgendwann mit, wie Leute sich hinter ihrem Rücken darüber lustig machten, dass sie immer von Mexiko redete.

Das hat mir nochmal gezeigt: Sei besser nicht zu anders! Das ist nicht gut. Ich versuchte deshalb, mich anzupassen, irgendwie dazuzugehören.

In den USA blieben wir auch nur ein halbes Jahr, dann zogen wir nach Bolivien. Dort habe ich überhaupt niemandem von meinem Hintergrund erzählt. Ich hatte das Gefühl, die Leute würden sonst denken, dass ich unbedingt anders sein will, oder dass ich ein Snob bin und angeben will. Ich habe mir gedacht, ich erzähle besser nicht meine ganze Geschichte.

Aber auch dort blieben wir nur zweieinhalb Jahre. Mit dreizehn bin ich zurück in die Staaten gegangen, nach Colorado Springs, und mit 16 bin ich mit meinen Eltern zurück nach Quito gezogen und habe dort mit dem College begonnen, um Psychologie und Kunst zu studieren. Nach dem College bin ich für meinen Master und Doktor nach Texas gegangen. Meine Eltern lebten zu der Zeit auch dort und ich dachte, prima, dann bin ich näher bei meiner Familie. Aber kaum war ich da, sind meine Eltern wieder nach Brasilien gezogen. Das war damals nicht schön. So kam es, dass ich auch immer wieder nach Brasilien geflogen bin, und bei einem dieser Besuche habe ich meinen Mann kennengelernt.

Er ist Brasilianer und ich wohne hier nun seit vier Jahren in Brasilia, der Hauptstadt von Brasilien. Ich bin jetzt 34, meine Kinder sind dreieinhalb Jahre und neun Monate alt. Sie wachsen mit beiden Sprachen auf. Unsere Kinder gehen in eine englischsprachige Krabbelgruppe. Und die Familie meines Mannes spricht ja sowieso Portugiesisch. Die Kinder bekommen also beide Sprachen mit.

Es ist merkwürdig, aber letztlich hat mir der Umzug nach Brasilien gezeigt, wie amerikanisch ich bin. Ich meine, klar, ich habe fast mein halbes Leben in den USA verbracht. Das Interessante ist, dass auch mein Mann am liebsten in den USA leben würde. Wir waren für anderthalb Jahre zusammen dort, in New Jersey, während meines Doktorandenstudiums. Er hat sich sehr stark mit den USA identifiziert und hatte das Gefühl: Hier gehöre ich hin. Er hat sich mehr mit den Staaten identifiziert als mit Brasilien. Aber wir sind nach meiner Promotion wieder nach Brasilien zurückgekehrt.

Wir sprechen zuhause wegen der Kinder jetzt meistens Englisch. Als ich zuerst hierher gezogen bin, war Englisch für mich noch dominanter. Gerade in emotionalen Situationen habe ich lieber Englisch gesprochen. Zu meinem Mann hatte ich damals gesagt: Hey, ich antworte jetzt mal auf Englisch. Das war natürlich nicht immer so gewesen. Ich erinnere mich an eine Situation in Texas. Damals war ein Nachbarhund auf mich zu gerannt, und ich hatte Angst. Da habe ich automatisch Portugiesisch gesprochen. Die Angst vor Hunden kommt noch aus meiner Zeit in Ecuador – da gibt es überall Straßenhunde. Naja, und jetzt lebe ich ja auch schon wieder seit vier Jahrn in Brasilien, da fühle ich mich mit der Sprache natürlich wieder mehr vertraut. Trotzdem: So ganz angekommen bin ich irgendwie nicht. Ich meine, es hilft mir, an der Uni zu arbeiten und viele internationale Kontakte zu haben.

Eine tolle Sache an Brasilien ist: Die Menschen hier lieben Kinder. Ganz anders als in Amerika oder Ecuador. Wenn wir hier in ein Restaurant gehen, geht unsere Dreijährige schon mal von Tisch zu Tisch und fängt an, mit den Leuten zu reden. Das wäre in den USA oder in Ecuador nicht akzeptabel, Eltern würden das dort einfach nicht durchgehen lassen. Aber hier gehören Kinder einfach dazu, sie werden hier so richtig verhätschelt.

Trotzdem: Ich könnte mir vorstellen, wieder woanders hinzugehen – wenn sich eine gute Chance auftut. Ich meine, es gab Zeiten als Kind, in denen ich es gehasst habe, nirgendwo so wirklich hinzugehören, kein Zuhause zu haben. Ich habe mich dann ja auch an der Uni mit dem Thema beschäftigt.

Meine Magisterarbeit habe ich über kulturelle Entwurzelung und den Zusammenhang mit Selbstwertgefühl geschrieben. Ich habe 475 Leute, die einen großen Teil ihrer Kindheit außerhalb ihrer Heimatkultur aufgewachsen sind und entwurzelt waren, einen Online-Umfragebogen ausfüllen lassen. Kulturell entwurzelt, damit meine ich Personen, die das Gefühl haben, zu keiner kulturellen oder ethnischen Gruppe richtig dazuzugehören. Was herauskam: Kulturelle Entwurzelung führt zu einem geringeren Selbstwertgefühl. Allerdings: wenn sich die Individuen mit einer transkulturellen Identität identifizieren konnten – etwa als Third Culture Kid – dann fühlten sich die Befragten weniger entwurzelt, das Selbstbewusstsein ist auch weniger angeschlagen.

3
„Die Verpackung ist japanisch, aber innen drin bin ich ein ganz schöner Mix“

Kenji, 34

England, Japan, Niederlande

Ich bin in den Niederlanden geboren. Mein älterer Bruder ist noch in Japan geboren, aber nach seiner Geburt wurde mein Vater in die Niederlande versetzt. Er hat für eine japanische Firma gearbeitet, die ihn für drei Jahre dorthin geschickt hat. An die Niederlande kann ich mich nicht mehr wirklich erinnern, denn wir sind nach London gezogen, als ich drei war. Und als ich sechs war ist meine Familie zurück nach Japan gegangen. Ich erinnere mich daran, dass mir ganz mulmig war, als wir an diesen Platz zurücksollten, den meine Eltern Heimat nannten. Es war ja das erste Mal, dass ich nach Japan kam, und ich war sechs Jahre alt. Es gefiel mir überhaupt nicht. In den Niederlanden und England hatte ich immer viel Aufmerksamkeit bekommen, aber als wir dann nach Japan gezogen sind, hab ich ja wie jeder andere ausgesehen und das hat mich anscheinend wirklich gestört.

Ich bin in eine ganz normale japanische Schule gekommen, aber mein Japanisch war richtig schlecht, denn ich habe ja erst zu dem Zeitpunkt richtig Japanisch gelernt. Zum Glück habe ich schnell japanische Freunde gefunden. Und dann, als ich neun war, sind wir wieder umgezogen, wieder zurück nach England. Ich kann mich noch daran erinnern, dass ich überhaupt nicht wegziehen wollte, was wirklich merkwürdig ist, denn mit sechs hatte ich ja eigentlich überhaupt nicht nach Japan ziehen wollen. Ich habe meinen Eltern gesagt: „Vergesst es, ich bleibe hier bei meiner Tante und meinem Onkel." Aber sie haben mich natürlich nicht ernst genommen mit meinen neun Jahren. Ich hasste meine Eltern dafür, aber nach sechs Monaten in England hatte ich Japan schon wieder vergessen.

Anscheinend ist mir die erste Zeit in England dann auch sehr schwer gefallen. Zum Beispiel bin ich im Unterricht nie zum Klo gegangen, weil ich auf Englisch nicht sagen konnte: „Entschuldigung, darf ich auf die Toilette gehen." Ich bin dann weinend nach Hause gekommen. Ich erinnere mich nicht mehr daran, aber ich denke auch, Kinder sind einfach gut darin, schlechte Erinnerungen auszublenden. Ich kann mich auf jeden Fall nur noch an die guten Dinge in meiner Kindheit erinnern. Kinder sind einfach so. Ich glaube, Eltern machen sich da unnötig Sorgen. Klar, die Kinder werden ein bisschen kämpfen, aber ich für meinen Teil habe keine emotionalen Narben davongetragen. Aber ganz bestimmt habe ich geweint, denn ich habe jedes Mal Freunde zurückgelassen.

In England habe ich bis vor kurzem gelebt. Ich habe internationale Betriebswirtschaft studiert. Nach der Uni wusste ich nicht so wirklich, was ich machen soll. Ich bin dann erst einmal für ein paar Monate um die Welt gereist. Als ich nach England zurückkam, brauchte ich dringend einen Job, und den habe ich dann bei einer japanischen Firma bekommen.

Mein Japanisch war nicht wirklich gut zu diesem Zeitpunkt. Ich hatte zwar immer mit meinen Eltern zuhause

Japanisch gesprochen und bis zu meinem 18. Lebensjahr war ich auch jeden Samstag zur japanischen Schule gegangen. Aber ich habe diese Sprache erst, seit ich für eine japanische Firma arbeite, wirklich jeden Tag benutzt. Es war auch das erste Mal seit ich neun war, dass ich jeden Tag mit „echten Japanern" zu tun hatte – nicht mit solchen, die in Übersee aufgewachsen sind.

Bis ich mit der Uni angefangen habe war es mir ganz egal, dass ich Japaner bin. So im Alter zwischen 14 und 19 durften alle meine Freunde samstags Fußball spielen. Nur ich musste immer in die japanische Schule, und ich habe es deshalb gehasst.

Erst in dem Job wurde mir so richtig klar, dass ich Japaner bin und dass mein Hintergrund japanisch ist, und von da an habe ich mich mehr für meine Herkunft interessiert. Ich fühle mich jetzt japanischer als früher, obwohl – so richtig japanisch fühle ich mich immer noch nicht, vielleicht kommt das ja noch. Manchmal denke ich wie ein Brite, aber dabei bin ich Japaner, meine Eltern sind Japaner, und ich bin japanischer Staatsbürger.

Jetzt habe ich einen Job in Amsterdam bekommen. Es ist nicht so, dass ich unbedingt wieder in die Niederlande ziehen wollte, aber ich habe halt einen neuen Job gesucht und der, den ich gefunden habe, war in Amsterdam.

Es hat mir nichts ausgemacht, wieder in ein anderes Land zu ziehen, das bin ich gewohnt, und so bin ich jetzt eben hier. Ich arbeite nun für eine andere japanische Firma, aber die ist total international. Unsere Abteilung ist überhaupt nicht japanisch, allerdings gibt es da andere

Teams, die ganz aus Japanern bestehen, und wenn du bei denen ins Büro kommst denkst du, du bist in Japan.

Mit dem Essen ist das so eine Sache. Jetzt ist es fast so, als ob ich jeden Tag japanisches Essen bräuchte, obwohl ich als Jugendlicher ganz normales britisches Essen gegessen habe. Heute würde ich am liebsten jeden Tag Reis essen. Vielleicht, weil meine Mutter früher Reis gekocht hat, man fällt dann irgendwie darauf zurück. Für mich sind Misosuppe und Reis so, wie für die Amerikaner die Hühnersuppe. Wenn ich krank bin oder es mir nicht gut geht, hilft Misosuppe immer. Was das Essen angeht, ist London mir immer fremd geblieben.

Dass meine Familie so lange in London geblieben ist liegt daran, dass das Unternehmen meines Vaters damals gerade dort Fuß gefasst hatte. Das japanische Geschäftsmodell sieht so aus, dass die Angestellten immer für drei Jahre ins Ausland geschickt werden und die Firmen ihre Angestellten dann wieder auf eine neue Stelle versetzen, oft zurück nach Japan. Mein Vater war aber zuletzt ein ziemlich großes Tier in seinem Unternehmen und wurde deshalb gebeten, länger im Ausland zu bleiben, und so wurden es bei uns mehr als die üblichen drei Jahre.

Die meisten meiner japanischen Freunde in London sind aber nach drei Jahren wieder zurückgegangen. Die Hälfte von ihnen konnte nicht einmal richtig Englisch sprechen. Mein Vater wollte damals, dass wir auf die japanische Schule gehen, aber meine Mutter sah das anders. Sie wollte, dass mein Bruder und ich Englisch lernen und deshalb sind wir zu einer ganz normalen englischen

Schule gegangen. Es gab damals elf Japaner in meinem Jahrgang und davon waren zehn in einer Klasse. Meine Mutter verlangte, dass ich in eine andere Klasse komme. Damals habe ich sie dafür gehasst, aber ehrlich, mein Englisch ist dadurch viel besser.

Mein Vater ist als ich 15 war wieder zurück nach Japan gegangen. Ich war gerade kurz vor meinem ersten Schulabschluss, deshalb blieb meine Mutter mit meinem Bruder und mir in London. Und kaum, dass mein Bruder und ich mit der Schule fertig waren und sie nach Japan zurückgehen wollte, wurde mein Vater nach Singapur versetzt. Meine Mutter hat gesagt, dass sie dahin nicht mitkommt, und hat dann ihre Zeit zwischen Japan, England und den Niederlanden aufgeteilt. In den Niederlanden hat damals mein Bruder gewohnt. Wir sind eine wirklich internationale Familie geworden.

Mein Vater ist inzwischen pensioniert. Er wohnt jetzt in Tokio, und mein Bruder ist auch dorthin zurückgegangen. Meine Mutter war gerade zwei Monate dort, aber sie lebt die meiste Zeit in London. Meine Mutter ist vor 50 Jahren, als sie ganz jung war, zum Studieren in die USA gegangen. Das war damals ziemlich ungewöhnlich. Aber sie hat nicht zu Ende studiert, weil sie meinen Vater kennengelernt und geheiratet hat. Sie ist dann vor ein paar Jahren in London wieder an die Uni gegangen, um ihren Master in romanischer Sprachwissenschaft zu machen.

Wenn ich jetzt sagen sollte, wo mein Zuhause ist, würde mir zuerst London einfallen, obwohl ich dort im Moment nicht einmal einen Platz zum Wohnen hätte. Dafür habe ich ein Zimmer in Japan in der Wohnung meines Vaters. Trotzdem würde ich Japan nicht als mein Zuhause bezeichnen, obwohl ich ein paar Jahre da gelebt habe und auch ein oder zweimal im Jahr dort bin.

Mit den Sprachen ist das so eine Sache. Zählen habe ich zuerst auf Japanisch gelernt, und ich zähle immer noch in dieser Sprache. Sonst denke ich mal auf Japanisch und mal auf Englisch. Manchmal kommen mir irgendwelche Gedanken in den Kopf, die sind dann mal Englisch, mal Japanisch. Wenn ich zum Beispiel in Japan bin oder eine japanische Zeitung lese, denke ich sofort wieder auf Japanisch. Mein Englisch ist aber definitiv besser, weil ich in England zur Schule und zur Uni gegangen bin. Mein Japanisch ist eher ein bisschen einfach. Ich kann mich ausdrücken, aber keine analytischen Dinge formulieren. Ich könnte keine tiefgreifende Unterhaltung auf Japanisch führen.

Sogar jemand, der in Japan aufgewachsen ist und perfektes Japanisch spricht, kann noch lange nicht von Anfang an im Geschäftsleben überleben. Im Japanischen kommt es sehr darauf an, mit wem du sprichst. Man muss dies wirklich erst im Job lernen. Wenn man von der Uni kommt, weiß man vielleicht, wie man respektvoll mit jemandem redet, aber im Geschäftsleben funktioniert die Sprache wieder ganz anders. Es gibt Regeln dafür, wie E-Mails formuliert werden und wie man zu Vorgesetzten spricht. Ich finde das wirklich schwer.

Ein Problem ist, dass alle denken, du solltest auch Japanisch sprechen können, wenn du japanisch aussiehst. Mein Onkel zum Beispiel ist nach Paraguay ausgewandet, als er 22 war. Meine Cousins sind also mit Spanisch aufgewachsen und als sie mit zwölf oder 13 das erste Mal nach Japan kamen, haben die Leute sie angesehen als seien sie bescheuert, weil sie japanisch aussehen, aber kein Japanisch sprechen.

Aber überhaupt: Das macht mich auch am Rassismus in Europa so sauer. Nur weil ich Japanisch aussehe, heißt das doch noch lange nicht, dass ich mich wie ein Japaner benehme. Das würde alle Erfahrungen, die ich gemacht habe, ja vollkommen vernachlässigen. Die Verpackung ist japanisch, aber innen drin ist es nicht ganz so einfach, da bin ich ein ganz schöner Mix.

An Japan liebe ich das Essen, das Transportsystem, die Sauberkeit, die Sicherheit und die Ordnung, die überall herrscht. Aber irgendwie sind das auch wieder genau die Dinge, die mich stören. Es ist zu sauber und zu geordnet. Nehmen wir zum Beispiel das Erdbeben im März 2011. Die Japaner taten mir da wirklich leid, aber einer sagte mir: „Ich mache mir keine Sorgen, weil die Regierung sagt, dass es keinen Grund zur Sorge gibt."

Also das ist für mich wirklich verrückt, dass die Leute nicht in Frage stellen, was ihnen gesagt wird. Ich finde, wenn die Leute Englisch können, sollten sie ins Internet gehen und mehr als die japanischen „Alles-wird-gut" Nachrichten lesen. Aber dann wiederum gab es in Japan keine Plünderungen, wie es in anderen Ländern nach solchen Katastrophen oft passiert. Die Menschen sehen sich, wenn es ihnen schlecht geht, nicht als Individuen, sondern als Teil der Gesellschaft, und deshalb achten sie auch aufeinander.

Aber auch das ist irgendwie wieder ein Problem, weil es einen auch zurückhält. Zum Beispiel im Arbeitsleben. Die Art und Weise, wie die Japaner arbeiten, ist nicht aufs Individuum abgestimmt, sondern aufs Kollektiv. Ich hatte immer dieses Problem mit meinen Managern und wie sie sich schwer taten, Entscheidungen zu treffen. Bei ihnen ging es eher nach dem Motto: Ich kann diese Entscheidung wirklich nicht fällen, weil es ja alle betreffen wird. Da kommt dann meine englische Sichtweise raus und ich denke mir: „Hey, du wirst doch dafür bezahlt, solche Entscheidungen zu fällen, und wenn du das nicht tun kannst, solltest du vielleicht nicht in dieser Position sein."

Und dann gibt es natürlich die Leute, die in solchen Funktionen sind wegen ihrer Seniorität in der Firma, und nicht wegen ihrer Fähigkeiten. In Japan hat man immer noch einen Job fürs ganze Leben und eigentlich verlässt niemand das Unternehmen – es sei denn, man stirbt oder wird pensioniert. Darum öffnen sich auch nie neue Positionen. Letztlich werden dann die befördert, die schon lange im Unternehmen sind. Es geht nicht nach Leistung, sondern nur nach Alter und Dienstjahren. Und natürlich wird es oben immer enger, nicht alle können immer weiter befördert werden. Dann werden einige Leute halt einfach in kleinere Tochterunternehmen gesteckt. Dadurch hat man nicht unbedingt einen Anreiz oder Druck, gut im Job zu sein. Japan sieht zwar kapitalistisch aus, aber das ist es nicht. Es geht immer um uns als Firma, als Gruppe, und nicht um das Individuum.

Aber das ändert sich jetzt auch, und die Leute haben eine globalere Sicht auf die Dinge. Die Leute setzen die Firma nicht mehr unbedingt an die erste Stelle und leben nicht mehr nur für die Arbeit. Und dann gibt es ja auch noch Leute wie mich, die in anderen Ländern aufgewachsen sind, und die kommen mit den alten Formen nicht unbedingt zurecht.

Was ich an den Engländern mag ist ihre Gelassenheit. Wenn etwas Schlimmes passiert, gehen sie in den Pub und trinken ein Bier so nach dem Motto „was können wir tun". Aber was mich an England nervt, das ist der öffentliche Verkehr, der Dreck, und dass einfach manchmal Dinge nicht funktionieren und sich keiner drum schert.

Früher hat es mir was ausgemacht, dass meine Familie so häufig umgezogen ist. Im Nachhinein bin ich wirklich froh über meine Erfahrungen. Ich bin so froh, dass ich alle diese Dinge erleben durfte, die mich anders machen. Ich bin süchtig danach, anders zu sein, nicht in Schemen zu passen. Ich will einfach nicht der typische Japaner sein. In der Schulzeit habe ich mich manchmal gefragt, warum muss ich überhaupt in die japanische Schule gehen, warum kann ich kein weißer Engländer sein, damit ich wie alle anderen samstags Fußball spielen kann. Es gab eine Zeit in der Schule, da habe ich das Pausenbrot nicht rausgeholt, weil es wieder irgendwas Japanisches war. Alle hatten Sandwiches, aber ich hatte immer Reisbälle in Seegras dabei und meine Mitschüler haben mich angeguckt und gesagt, was isst du denn da. Aber heute esse ich meine Reisbälle stolz vor jedermann. Im Teenageralter, da sehnt man sich einfach nach sozialer Anerkennung. Man versucht einfach, alles was anders ist zu vermeiden.

Für den Beruf hat mir mein internationales Aufwachsen eine Menge gebracht. Wenn man zum Beispiel nur in Japan aufwächst und meinetwegen auch eine andere Sprache sprechen kann – man ist einfach kulturell nicht flexibel. In meinem alten Job wurde mir immer wieder gesagt: „So werden die Dinge in Japan nicht gemacht." Und ich dachte mir: „Hey, wir sind ja auch nicht in Japan." Die Kollegen konnten halt nur ihren eigenen Blickwinkel einnehmen, ich dagegen habe immer eine etwas weitere Perspektive.

Nur weil man eine andere Sprache spricht heißt das nicht, dass man Leute aus anderen Kulturen auch wirklich versteht. Und das ist ja auch okay, solange man in einem Land und in einem Büro ist, wo man nur mit den gleichen Leuten umgeben ist. Aber garantiert ist ein Grund, weshalb ich meinen jetzigen Job bekommen habe, meine Fähigkeit, mit Leuten aus verschiedensten Ländern zu sprechen und zu verstehen, wie die ticken.

Ich bin im Verkauf für eine japanische Firma und beaufsichtige Übersetzer. Ich glaube nicht, dass ich ohne meinen internationalen Background und meine Erfahrungen im Verkauf diesen Job bekommen hätte. Ich fand die Aussicht, in Amsterdam zu arbeiten, aufregend, weil ich so neue Erfahrungen sammeln kann. Wie lang ich bleiben werde, hängt davon ab, wie sich der Job entwickelt, und was in meinem Privatleben passiert. Vielleicht werde ich mir in zehn Jahren mal Sorgen machen, wenn ich noch immer nirgendwo zuhause bin. Aber ich hätte auch keine Probleme damit, wenn meine Kinder einmal wie ich aufwachsen würden. Es ist nicht so, dass ich es irgendwie suchen würde oder unbedingt wollte. Aber es ist ja so: Wenn ich eine Nicht-Japanerin heirate, dann würden die Kinder sowieso verschiedene Kulturen erleben. Und wenn ich eine Japanerin heirate, dann wird sie sicher nicht in Japan wohnen, denn ich werde dort nicht hinziehen. Sie wird dann in den Niederlanden oder England wohnen und damit auch international sein.

Manchmal beneide ich die Leute, die an einem Ort aufgewachsen sind, und alle Freunde und Familie um sich herum haben. Ich habe kein so starkes Netzwerk um mich herum. Es wäre auch nett, ein Elternhaus zu haben, in dem alle meine Erinnerungen sind. Aber dafür sind meine Erinnerungen an vielen unterschiedlichen Orten und viele gute Freunde sind auf der ganzen Welt verteilt.

Mein Bruder ist inzwischen ein ganz normaler japanischer Geschäftsmann, obwohl er bis zu seinem 18. Geburtstag genauso aufgewachsen ist wie ich. Nach seinem Studium hat er einen Job in Japan angeboten bekommen und den zuerst total gehasst. Er kam nicht damit zurecht – man kann nicht nach Hause gehen, bevor der Chef gegangen ist. Jetzt hat er kein Verlangen mehr, ins Ausland zu gehen. Er reist für seinen Job fast zwei Wochen im Monat, das reicht ihm. Er ist dann froh, wenn er Zuhause ist bei seiner japanischen Frau. Ins Ausland zieht ihn gar nichts mehr.

4
„Eltern müssen nicht nur mit den eigenen Gefühlen umgehen, sondern auch mit denen ihres Kindes"

Lisa, 44

Guatemala, USA, Costa Rica, Panama, Marokko, Ägypten

Für mich war es in Ordnung, als Kind so viel umherzuziehen, und ich würde auch nie sagen: Ihr dürft mit euren Kindern nicht von einem Land ins andere ziehen. Aber ich würde Eltern raten: Erwartet nicht, dass sich eure Kinder sofort zurechtfinden und glücklich sind. Das ist einfach der falsche Ansatz. Wenn sich Eltern überlegen, in ein anderes Land zu ziehen, dann sollten sie sich besser darauf einstellen, nicht nur mit den eigenen Gefühlen umgehen zu müssen, sondern auch mit denen ihres Kindes.

Wenn es einem Erwachsenen schon schwerfällt, sich auf das neue Leben einzustellen, dann sollte man überlegen, wie es für ein zwölfjähriges Kind ist, das absolut kein Mitspracherecht hatte und ohne eigene Zustimmung einfach mit der Entscheidung konfrontiert wurde, dass nun ein neues Leben beginnen muss.

Ich bin in Guatemala geboren. Mein Vater stammt aus diesem Land und hat spanisch-chinesische Wurzeln. Er arbeitete damals für einen großen amerikanischen Konzern. Meine Mutter, eine Amerikanerin, hat er dort kennengelernt. Sie war nach Guatemala gekommen, um

Englisch als Fremdsprache zu unterrichten. Ihr Vater war im Militär gewesen, sie war es also gewohnt, viel umherzuziehen.

In Guatemala lebte ich nur ein Jahr, dann zogen wir nach Costa Rica, und als ich dreieinhalb Jahre alt war, sind wir in die USA gezogen. Drei Jahre sind wir dort geblieben, dann haben wir in Panama gelebt, bis ich zehneinhalb Jahre alt war. Für anderthalb Jahre waren wir dann wieder in den USA, dann ging es nach Marokko, und als ich 13,5 Jahre alt war ist meine Familie nach Ägypten gezogen. Dort bin ich zur High School gegangen, bis ich schließlich in die USA zurückgekehrt bin und mit dem College angefangen habe. Seitdem lebe ich in Amerika. Mein Vater hatte immer den gleichen Arbeitgeber, wir zogen immer wegen seines Berufs um. An jedem Land, in dem ich lebte, habe ich gute und schlechte Seiten gesehen. Einen ausgeprägten Patriotismus empfinde ich für kein Land.

Ich denke, es ist immer ein großer Schock für ein Kind, wenn es erfährt, dass es seine vertraute Umgebung verlassen muss. Und meine Eltern gehörten noch zu der Generation, die nicht wusste, dass man ein Kind auf so einen großen Schritt vorbereiten kann und soll. Als ich das erste Mal in die USA gezogen bin, da war ich ja erst dreieinhalb Jahre alt. Ich erinnere mich nur noch an dieses Gefühl, das auf einmal alles ganz anders war. Alle Umzüge danach waren eine große Veränderung, die ich sehr wahrgenommen habe. Als wir nach Panama zogen wusste ich, dass wir nicht für immer dort sein würden. Die vier Jahre – von meinem sechsten bis zehnten Lebensjahr – war auch die längste Zeit, die ich in meiner

Kindheit an einem Ort verbracht habe. Ich hatte dort eine richtig gute beste Freundin und es war schwierig, sie zu verlassen – wir sind jetzt über Facebook in Kontakt.

In den USA ging es mir nicht gut. Beide Male, die ich als Kind in den USA lebte, waren für mich schwierig. Dort erfuhr ich zum ersten Mal Rassismus, und das ist natürlich immer traumatisierend, besonders für ein Kind. Beide Male lebten wir in einer reichen Gemeinde – in Fairfield, Connecticut. Einige der Kinder dort waren richtig gemein.

Meine Eltern hatten uns zwar damals gesagt, dass unser Umzug in die Staaten der letzte bis zum College sein würde, aber als wir dann anderthalb Jahre später nach Marokko zogen, war ich deshalb sogar ein wenig erleichtert. Marokko war ein richtiger Kulturschock, denn dort war alles ganz anders. Panama, Costa Rica, Guatemala – die Länder sind natürlich alle ganz unterschiedlich, aber man spricht Spanisch, es sind alles mittelamerikanische Länder. Man hört die gleiche Musik, irgendwie ja auch in den USA. Und Englisch und Spanisch verstand ich zumindest. Aber in Marokko musste ich erst Französisch lernen und das arabische Alphabet. Es gab keinen Bezug zu meinem alten Leben, nichts Bekanntes.

Aber wir sind dort erst auf eine amerikanische Schule gegangen, das war phantastisch und fühlte sich irgendwie an wie nach Hause kommen. Auf einmal war an meiner Erscheinung nichts mehr ungewöhnlich: Marokkaner hielten mich für eine Marokkanerin – und in Ägypten wurde ich für eine Ägypterin gehalten. In Connecticut konnten sie mich nicht einordnen, alle fragten immer:

„Was bist du?“ An der amerikanischen Schule in Marokko war es ganz anders. Auch hier waren die Kinder privilegiert, aber sie waren nicht gemein und rassistisch.

Nach einem halben Jahr sind wir auf die spanische Schule gewechselt. Damals in Mittelamerika hatten meine Eltern beschlossen, dass wir zuhause Englisch sprechen, weil sie Angst hatten, dass wir die Sprache sonst nicht richtig lernen, weil wir ja außerhalb des Hauses meist Spanisch gesprochen hatten. Das haben wir dann so beibehalten, und ich und mein Bruder verlernten unser Spanisch ein wenig. Deshalb hatte meine Mutter beschlossen, dass wir in Marokko auf die spanische Schule gehen. Es war zuerst schwierig, weil ich mich nicht mehr so richtig verständigen konnte. Aber die Kinder waren nett, keines war hochnäsig. Es war auch ein wenig schwer, denn ich kannte nur mittelamerikanisches Spanisch, aber an der Schule wurde europäisches Spanisch gesprochen.

Leider habe ich einige meiner Sprachkenntnisse verloren, ich spreche jetzt nur noch Spanisch und Englisch. Ich verstehe noch Französisch, aber ich traue mich nicht mehr richtig, die Sprache auch zu sprechen. Außer Französisch habe ich in Marokko auch die klassische arabische Schriftsprache und in Ägypten das ägyptische Arabisch gelernt. Ich kam damit auch ganz gut zurecht in der einfachen Umgangssprache, aber das habe ich inzwischen verlernt, da fehlt mir einfach die Übung.

Zuhause sprechen wir Englisch, und ich lebe ja auch schon seit mehr als 27 Jahren in den USA, jetzt in Los Angeles. Hier habe ich aber natürlich auch genug Gelegenheit, Spanisch zu sprechen. Mein Mann ist Amerikaner, er hat allerdings auch einen crosskulturellen Hintergrund: Sein Vater ist Einwanderer aus der heutigen Ukraine. Aber er ist nur mit Englisch aufgewachsen. Im College habe ich englische Literatur studiert – Schauspiel und Drama war eigentlich meine Leidenschaft, aber ich habe mich irgendwie nicht getraut, das zu studieren, nachdem ich mit 18 in einer Casting-Agentur in New York ein Praktikum gemacht hatte. Da habe ich gemerkt, wie schwer es ist, eine Rolle zu ergattern – hunderte von talentierten Leuten bewerben sich für eine Rolle.

Ich habe später in Los Angeles Schauspielunterricht genommen und bin jetzt selbständig: Vor allem toure ich mit meiner Solo-Show „Alien Citizen: An Earth Odyssey“, die von meinen Erfahrungen mit dem internationalen Aufwachsen handelt. Mit der Show reise ich viel, vor allem an Unis und internationale Schulen. Im vergangenen Jahr trat ich auch auf Konferenzen in Spanien und in Südafrika auf. Außerdem leite ich verschiedene Solo-Schauspiel-Workshops und Schreib-Werkstätten.

Es sind nicht nur meine eigenen Erfahrungen, sondern auch das Feedback, das ich auf meinen Solo-Shows bekomme, das mich so emotional beim Thema TCKs macht: Manchmal kommen Zuschauer nach der Show zu mir und sagen, wie sehr sie sich mit der Show identifizieren konnten.

Ich glaube, ein großes Problem der TCKs meiner Generation ist, dass wir gelernt haben, einfach nur den Mund zu halten. Darin sind wir gut: Dinge zu tolerieren, die schwierig sind. Es fällt vielen schwer zu sagen, dass sie etwas verletzt hat, dann fühlen sich viele intolerant und schwach. Meine Eltern gehörten noch zu der Generation, die nicht wusste, dass man seine Kinder irgendwie auf einen Umzug vorbereiten kann, und dass es für ein Kind nicht nur positiv ist, in ein neues Land zu ziehen, auch wenn es noch so viele schöne Dinge erlebt.

Das Problem, dass ich bei vielen Eltern sehe, die mit ihren Kindern umherziehen, ist, dass sie sagen: Aber schau dir doch all die guten Dinge an, die du bekommst. Wenn sich ein Kind sicher fühlt und Vertrauen zu seinen Eltern hat, dann wird es ihnen auch sagen, was in ihm vorgeht. Manchmal sagen Kinder dies auf Umwegen. Eltern reagieren dann oft mit irgendwelchen Lösungsvorschlägen: „Du verallgemeinerst zu sehr, betrachte doch mal die positiven Seiten. Was wir tun sollten, ist...." Und dann geht es los: Blablabla.

Dabei versucht das Kind, mit einem eigenen großen kulturellen Identitätsproblem fertig zu werden. Als Kind hätte ich es gut gefunden, wenn meine Eltern zugehört und nach meinen Gefühlen gefragt hätten. Einfach nur zuhören und zeigen, dass sie für das Kind da sind und nicht gleich versuchen, eine Lösung zu finden, das ist in meinen Augen wichtig. Denn wenn die Eltern für das Kind ein sicherer Hafen sind, dann wird es dem Kind sehr wahrscheinlich auch gut gehen.

Und wenn das Kind sogar sagen kann, dass es ihm einmal nicht gut geht, dann wird es diesem Kind sehr viel besser gehen als all den TCKs über all die Generationen, die gelernt haben, einfach nur den Mund zu halten. Denn darin sind wir wirklich gut: Dinge zu tolerieren, die wirklich schwierig waren. Und das ist wirklich eine schlechte Lektion, die man fürs Leben lernen kann: Alles runterzuschlucken, bis du daran kaputt gehst. Alle Kinder sollten lernen, für sich zu sprechen – nicht, dass sie ständig über sich und ihre Probleme reden sollten, aber sich ausdrücken zu können und über die eigenen Gefühle zu reden, das wäre auf jeden Fall wichtig.

5
„Lange Zeit habe ich ausgeblendet, woher ich komme“

Hui, 42

China, Deutschland

Qigong[xii] mache ich zwar erst seit drei Jahren, aber es ist für mich ein ganz wichtiger Teil meines Lebens geworden, und ich habe darüber auch ein Stück meiner Wurzeln wiedergefunden. Denn die Theorie und Philosophie, die hinter Qigong steckt, hat auch viel mit mir zu tun. Lange Zeit hatte ich ausgeblendet, woher ich komme, aber je älter ich werde, desto mehr bin ich auf der Suche nach mir selbst. Nicht nur kulturell, auch spirituell.

Ich bin 1973 in der chinesischen Hauptstadt Peking als ältester Sohn von drei Geschwistern geboren und habe dort meine Kindheit verbracht. Ich habe eine Schwester und einen Bruder. Sie sind Zwillinge und zwei Jahre nach mir geboren. Diejenigen, die ein paar Jahre jünger sind als ich, haben in der Regel keine jüngeren Geschwister mehr, weil China Ende der 1970er die Ein-Kind-Politik eingeführt hat.

1986 sind wir nach Deutschland gezogen. Mein Vater war schon zwei Jahre vorher über seinen Beruf nach Frankfurt gekommen. Er hatte in Peking an einem Forschungsinstitut gearbeitet, im Bereich Akustik und Sonartechnik geforscht und dies dann an einem Institut in Deutschland fortgesetzt. Es war damals noch offen, ob wir ihm nach Deutschland folgen würden, und als wir dann hier waren, war es auch nicht klar, ob wir bleiben. Wir hatten anfangs auch immer nur für ein Jahr ein Visum.

Ich erinnere mich noch daran, dass ich damals überhaupt nicht nach Deutschland ziehen wollte. Ich war gerade 13 geworden und hatte nur daran gedacht, dass ich meine Freunde und meine Schule verlassen muss. Ich habe meiner Mutter gesagt, dass ich in China bleibe, aber meine Mutter hat natürlich gesagt, dass das nicht geht. Ich hatte Angst vor dem Ungewissen.

Deutschland war natürlich eine komplett andere Welt. Alles, was ich kannte, gab es in Deutschland nicht. Aber für Kinder ist es meiner Meinung nach nicht so schwer, sich anzupassen und einzugewöhnen, denn die Persönlichkeit ist noch nicht so geformt. Ich war vor allem neugierig. Meine Familie war ja auch da, ich hatte also Bezugspersonen.

Ich hatte in China kein Wort Deutsch gelernt und bin in Frankfurt auf eine ganz normale deutsche Schule gegangen, was natürlich schwierig war. Am Anfang habe ich kein Wort verstanden. Aber die Kinder waren recht offen und Frankfurt war auch damals schon sehr multikulturell.

Es gab zwar keine Chinesen an meiner Schule, aber viele andere ausländische Kinder. Aber mit der Sprache war es zu schwierig, deshalb schlugen meine Lehrer einen Wechsel in eine andere Schule vor, in der es extra eine Klasse für Einwandererkinder gab, in der auch Deutsch gelehrt wurde. Das hat mir sehr geholfen. Mathe war das

Fach, in dem ich gar keine Probleme hatte, denn in dem Fach war der Unterricht in China viel anspruchsvoller gewesen und die Sprache war nicht so wichtig.

Wir sind zwei Jahre in Frankfurt geblieben, dann hat mein Vater eine neue Stelle angeboten bekommen und wir sind nach Bonn umgezogen. Das bedeutete zwar wieder einen Wechsel, aber der war natürlich einfacher als der erste Wechsel nach Deutschland. In Bonn gab es längst nicht so viele ausländische Kinder wie an der Schule in Frankfurt, aber die Rheinländer sind ja sehr offen und tolerant.

Nach ein paar Jahren lief der Arbeitsvertrag meines Vaters aus und er hat sich selbständig gemacht. Wir zogen wieder um, in eine hessische Kleinstadt, wo ich heute noch lebe und mich wohl fühle. Dort ist eine komplett andere Mentalität, die Leute sind nicht so offen wie die Rheinländer. Aber durch meine früheren Umzüge war ich flexibel geworden und wusste, dass ich aktiv werden und auf Leute zugehen muss. Ich hatte die Leute so angenommen wie sie waren und hatte schnell Anschluss gefunden.

Unsere Feste wie das chinesische Neujahr haben wir in Deutschland selten gefeiert. Es gab hier damals ja nur wenige Chinesen und nur ein paar chinesische Gruppen, so dass einfach die Stimmung für die Feierlichkeiten fehlte. Auch asiatische Läden gab es damals kaum, und wenn, dann verkauften sie vor allem vietnamesische oder thailändische Artikel. Meine Mutter hat versucht, so gut es ging chinesisch zu kochen: Sie hat zum Beispiel italienische Nudeln mit chinesischen Zutaten zubereitet.

Mein Vater ist ein paar Jahre nach unserem Umzug nach Hessen gestorben, und ein Jahr darauf ist meine Mutter mit meinem Bruder nach China zurückgegangen. Das lag auch daran, dass wir die Firma unseres Vaters weiterführten und schnell gemerkt haben, dass wir jemanden in China brauchen, der dort alles für uns organisiert. Ich habe die Firma 20 Jahre lang weitergeführt, aber jetzt orientiere ich mich langsam um. Über meine Schwester, die auch noch in Deutschland lebt, bin ich zum Qigong gekommen. 2014 war ich drei Monate in China und habe mich dort zum Qigonglehrer ausbilden lassen. Ich sehe das nicht unbedingt als Geldquelle, aber es ist meine Berufung. Es gibt mir etwas, was ich in dieser Gesellschaft sonst so nicht habe – Ganzheitlichkeit und Spiritualität.

Über das Qigong spreche ich auch wieder mehr Chinesisch. Das Chinesisch von meiner Schwester und mir hatte ziemlich gelitten, weil wir außerhalb des Hauses natürlich immer Deutsch gesprochen haben. Mit meiner Schwester versuche ich jetzt, wenn es geht immer Chinesisch zu sprechen. Früher haben wir oft ein Mischmasch gesprochen: Wenn uns ein Wort auf Chinesisch nicht einfiel, haben wir es auf Deutsch gesagt. Auch mein Nebenjob hilft: Ich leite ab und zu chinesische Reisegruppen bei ihrem Besuch in Deutschland. Die Schriftsprache beherrsche ich ein wenig. Lesen geht recht gut, aber handschriftlich schreiben kann ich nicht so gut. Aber am Computer kann ich schreiben, denn dort muss man die Lautsprache eintippen und bekommt dann ein paar Zeichen vorgeschlagen, aus denen man das richtige auswählen muss. Dafür wiederum muss man natürlich lesen können.

Wenn ich jetzt nach China reise, brauche ich immer zwei oder drei Tage, bis ich wie ein Chinese funktioniere. Es ist, als hätte ich einen Schalter. Hier in Deutschland denke ich deutsch, aber in China chinesisch. Dabei fällt den Chinesen schon auf, dass ich anders bin. Das ganze Verhalten und auch die Wörter, die ich benutze, sind nicht typisch für einen Chinesen.

Als ich in China war, um die Ausbildung zu machen, ist mir klar geworden, dass ich überall auf der Welt leben kann. Ich habe in Deutschland zwar ein Haus, aber richtig verwurzelt fühle ich mich hier nicht. Auch Peking, wo ich meine Kindheit verbracht habe, hat sich total verändert. Der ganze Stadtteil, in dem ich aufgewachsen bin, wurde abgerissen und neu bebaut. Ich habe kein Heimatgefühl und definiere Heimat auch auf meine Art. Für mich ist meine Mutter Heimat, und wenn ich sie in China besuche, dann habe ich ein Heimatgefühl.

6
„In Italien waren wir immer die Deutschen und in Deutschland die Italiener"

Ute, 48

Italien, Schweiz, Frankreich, Niederlande

Ich bin auf die europäische Schule in Varese in Italien gegangen. Dort habe ich erlebt, wie immer wieder neue Schüler kamen und gingen und ich habe gespürt, dass viele darunter gelitten haben. Erst mussten sie sich einleben und dann, kaum dass sie Freunde gefunden hatten, mussten sie wieder weg.

Ich denke, dass meine Klassenkameraden damit gehadert haben und oft auch sehr traurig darüber waren, wenn sie sich verabschieden mussten. Ich war auf jeden Fall sehr glücklich, dass ich so etwas nicht selbst erleben musste, und ich möchte so eine Erfahrung auch meinen Kindern nicht zumuten, wenn es nicht unbedingt nötig ist.

Als ich 15 war und meine ältere Schwester fast die Schule beendet hatte, hatten meine Eltern mit dem Gedanken gespielt, umzuziehen. Meine Schwester und ich haben uns aber dagegen gesperrt und sogar mit unseren italienischen Nachbarn vereinbart, dass wir bei ihnen bleiben könnten.

Die Diskussion dauerte bei uns über Wochen an, aber letztlich haben unsere Eltern entschieden zu bleiben. Ein

Umzug zu diesem Zeitpunkt wäre wirklich aus schulischen Gründen keine gute Entscheidung gewesen. Meine Eltern sind, als ich mit der Schule fertig war, nach Paris gezogen, anschließend nach Frankfurt und München, wo sie jetzt auch noch wohnen.

Ich habe meine ganze Kindheit in Italien verbracht, ich habe dort gewohnt, bis ich 18 wurde. Meine Eltern kommen aus Hessen und sind Ende der 1950er Jahre erst nach Belgien und dann in die Lombardei in Norditalien gezogen. Mein Vater hat für die Europäische Kommission am Euratom-Institut in Ispra am Lago Maggiore gearbeitet. Meine Schwester und ich sind in der Gegend von Varese aufgewachsen, wir sind während unserer Kindheit in der Gegend aber dreimal umgezogen.

Wir sind damals natürlich oft nach Deutschland gefahren, wo wir ein- oder zweimal im Jahr Verwandte besucht haben. Wir waren damals in Deutschland immer die Italiener und in Italien immer die Deutschen.

Als ich mit der Schule fertig war, habe ich in der Schweiz mein Studium in romanischen Sprachen und Literatur aufgenommen und später meine Promotion in altfranzösischer Sprache und Literatur geschrieben.

Zwischendurch war ich auch ein paar Semester in Frankreich. Am Ende meines Studiums habe ich meinen Mann kennengelernt, einen Schweizer aus Luzern, und wir sind nach meiner Promotion zusammen nach Italien gegangen, weil ich dort für dreieinhalb Jahre an meinem Forschungsprojekt über italienische Sprach- und Literaturwissenschaft gearbeitet habe.

Als die Zeit in Italien ablief, haben wir uns beide in mehreren europäischen Ländern beworben und als er ein attraktives Stellenangebot in den Niederlanden bekam, sind wir in die Nähe von Den Haag gezogen. Bevor mein Mann mich kennenlernte, hatte er immer in der gleichen Region gewohnt, aber jetzt gefällt ihm unser internationales Leben.

Auf der europäischen Schule war ich in der deutschen Sprachsektion. Ab der 1. Klasse wurden wir dort aber auch in Französisch und Italienisch unterrichtet. Fächer wie Kunst und Sport zum Beispiel hatten wir auf Italienisch, und Geographie und Geschichte auf Französisch. Auch Englisch kam früh dazu. Zuhause mit meinen Eltern haben wir aber immer Deutsch gesprochen. Jetzt spreche ich auch Schweizerdeutsch und Holländisch – schließlich habe ich insgesamt 16 Jahre in der deutschsprachigen Schweiz gelebt und mein Mann ist von dort. Und jetzt leben wir eben in den Niederlanden. Mein Zuhause ist für mich dort, wo meine Familie ist, und das ist im Moment Holland, es waren aber eben auch mal Florenz oder Zürich.

Ich habe drei Kinder. Meine Töchter sind neun und mein Sohn zwölf. Zuhause sprechen wir inzwischen nur noch deutsch. Das haben wir eingeführt, als meine Töchter anfingen, eine „Geheimsprache“ zu sprechen, was manchmal vorkommt bei Zwillingen. Da sie diese Sprache leider auch gesprochen haben, wenn ihr Bruder dabei war, wurde es wirklich eine Belastung für die ganze Familie. Deshalb haben wir die drei Sprachen, die wir vorher mit ihnen gesprochen hatten, auf eine – Deutsch – reduziert. Das hat auch geholfen, denn nach zwei

Monaten hatten die Mädchen ihre eigene Sprache abgelegt. Solche Geheimsprachen kommen aber auch bei einsprachigen Zwillingen vor, das hat nichts mit der Mehrsprachigkeit zu tun.

Davor hatte mein Mann mit den Kindern Schweizerdeutsch gesprochen und ich Italienisch und nur, wenn wir alle beisammen waren, haben wir Deutsch gesprochen. Inzwischen spreche ich mit meinem Sohn nur noch am Wochenende Italienisch, wenn wir alleine sind. Er hatte von dieser Sprache natürlich auch mehr mitbekommen als seine Schwestern, und er ist schließlich auch in Italien geboren. Meine Kinder sprechen auch Holländisch und Englisch, denn sie gehen hier auf eine internationale Schule mit Englisch als Unterrichtssprache und sie haben alle drei einen holländischen Kindergarten besucht und verbringen ihre Freizeit natürlich mit holländischen Kindern.

Wir werden wahrscheinlich in den Niederlanden bleiben. Mein Mann hat eine Stelle bei einer europäischen Behörde gefunden und ich bin jetzt selbständig als Coach für internationale Familien tätig, organisiere Workshops und Trainings. Ich habe gemerkt, dass viele Familien erst einmal sehr verunsichert sind, wenn sie in einem neuen Land ankommen – das fängt schon bei so alltäglichen Dingen wie der Krankenversicherung an. Dadurch, dass ich so viele Sprachen spreche, kann ich diesen Familien gut helfen, denn viele fühlen sich wohler, wenn sie in ihrer Muttersprache beraten werden. Ich halte Vorträge bei großen Firmen, die hier ansässig sind und Mitarbeiter aus anderen Ländern anstellen. Außerdem sind hier auch internationale Organisationen, für die ich arbeite.

Es müsste schon ein richtig spannendes Jobangebot sein, dass wir noch einmal umziehen würden. Mein Sohn wird bald 13, ich finde es in diesem Alter besser für ihn, wenn er an einem Ort bleibt. Meine Kinder sind ja sowieso auf der internationalen Schule, da verlassen jedes Schuljahr fünf bis zehn Schüler die Klasse, die sie aus ihrem Umfeld verlieren. Das ist viel.

Oft fragen mich Klienten, wie ich es einschätze, wenn sie mit ihren Kindern umziehen müssen. Wenn Eltern beobachten, dass ihre Kinder anderthalb Jahre gebraucht haben, um sich an einem Ort einzuleben, dann finde ich es nicht ratsam, sie nach zwei Jahren wieder einem anderen Kontext auszusetzen. Identität hat ja nicht nur was mit der Familie zu tun, sondern auch mit dem Umfeld. Wenn man ein Kind aus der Umgebung immer wieder rausreißt, ist es für das Kind schwierig, diese Identität zu formen.

Natürlich reagiert jedes Kind unterschiedlich und die Reaktionen sind auch abhängig vom Alter. In der Regel rate ich ab einem Alter von zirka acht Jahren davon ab, alle zwei Jahre umzuziehen. Es dauert ja oft schon ein Jahr, um Freundschaften zu schließen, und zwei oder drei Jahre, um Freundschaften richtig aufzubauen.

Wenn Eltern jedoch beschließen umzuziehen, dann sollten sie ihre Kinder frühzeitig darauf vorbereiten und ihnen auch ein Recht geben, mitzureden. Ich glaube, Kinder haben in solchen Momenten oft das Gefühl, diese Wechsel müssten positiv sein, die Eltern versuchen ja auch, es ihnen so schmackhaft wie möglich zu machen. Aber die Kinder können ja meist nicht selbst entscheiden und ich glaube, viele würden nein sagen, wenn sie gefragt würden. Ein solcher Übergang ist ja auch immer ein Abschied und der tut nun mal weh. Ich würde die Folgen wie Aggressivität oder Depression nicht unterschätzen.

Wenn jemand meine Kinder fragen würde, würden sie wahrscheinlich sagen, dass sie Drittkulturkinder sind – halt ein bisschen deutsch und schweizerisch und auch italienisch. Mein Mann und ich sagen unseren Kindern immer: Wir sind Europäer. Wenn mich als Kind jemand fragte, wo es mir am Besten gefällt, habe ich auch immer geantwortet: „Ich bin froh, Europäerin zu sein“.

7
„Erst mit 39 habe ich verstanden, woher meine Depressionen kamen"

Ruth E. van Reken, 71

Nigeria, Liberia, USA, Kenia

Was der Grund für meine Depressionen war, habe ich erst mit 39 verstanden. Bis dahin dachte ich, dass ich vielleicht die Einzige bin, die Probleme hat, mit diesem Leben in verschiedenen Kulturen und den häufigen Umzügen klar zu kommen. Als Kind war ich so oft umgezogen, war als Grundschulkind aufs Internat geschickt worden, und später mit meiner Schwester ohne meine Eltern in die USA zu meinen Großeltern gebracht worden. Immer wieder hieß es Abschied nehmen, neu anfangen, neue Menschen kennenlernen. Von einem Tag auf den anderen war ich woanders, musste mein vertrautes Leben aufgegeben. Es gibt kein Ritual, um diese Art von Verlust zu betrauern. Aber das habe ich erst verstanden, als ich fast 40 war.

Ich bin 1945 in Nigeria geboren. Ich habe eine ältere Schwester und vier jüngere Geschwister: zwei Brüder und zwei Schwestern. Mein Vater ist Amerikaner, er ist aber im Iran geboren und auch dort groß geworden, weil seine Eltern dort als Missionare gearbeitet hatten. Meine Mutter kommt aus Chicago und ist dort aufgewachsen.

Meine Eltern haben Anfang der 1940er geheiratet und wollten unbedingt nach Nigeria ziehen. Allerdings war das mitten im Zweiten Weltkrieg. Damals konnte man nicht einfach so mit Kindern nach Übersee reisen, meistens mussten die Kinder im Heimatland zurückbleiben.

Deshalb haben sich meine Eltern sofort auf die Reise gemacht, als sie merkten, dass meine Mutter zum ersten Mal schwanger war. Sie sind aber nur bis Portugal gekommen. Da hieß es dann, meine Mutter würde es vor der Entbindung nicht mehr bis Nigeria schaffen. So ist meine ältere Schwester also in Portugal geboren.

Meine Eltern haben dort vier Monate warten müssen, bis sie nach Westafrika weiterfliegen konnten. Das war 1944. Ich bin dann ein Jahr später in Kano, Nigeria, geboren, und meine vier jüngeren Geschwister auch. Wir sind dort auch aufgewachsen. Mein Vater hat eine Schule für Nigerianer aufgebaut, und er und meine Mutter haben an der Schule unterrichtet.

Meine Eltern wollten, dass wir nach dem amerikanischen Lehrplan unterrichtet werden, weil ja schließlich geplant war, dass wir irgendwann nach Amerika zurückkehren. Deshalb sind wir auch nicht auf die nigerianische Schule gegangen, in der meine Eltern gearbeitet haben, sondern auf ein internationales Internat.

Viele Third Culture Kids gehen genau aus diesem Grund auf internationale Schulen: Weil anders als zum Beispiel bei Einwandererkindern ja geplant ist, dass sie wieder in die Heimat zurückzukehren. Also bin ich im September 1951, mit gerade mal sechs Jahren, mit meiner älteren Schwester von zuhause weggeschickt worden, um mit anderen Missionarskindern ein Internat zu besuchen. Das war eine wirklich harte Zeit!

Als ich in die dritte Klasse kam, haben meine Eltern dann aber eine ziemlich radikale Entscheidung gefällt: Sie schlugen uns ältesten Geschwistern Unterricht zuhause vor. So sind meine ältere Schwester, meine beiden Brüder und ich die nächsten vier Jahre in die Klasse meiner Mutter gegangen. Wir haben hinten in ihrem Klassenzimmer gesessen und unseren amerikanischen Lehrplan abgearbeitet, während sie die nigerianischen Kinder in der Klasse unterrichtet hat. Wenn die Schüler in ihrer Klasse Stillarbeitsphasen hatten, dann ist sie zu uns gekommen und hat uns geholfen. So bin ich also in eine nigerianische Schule gegangen und habe trotzdem meinen amerikanischen Lehrplan absolviert. Meine beiden jüngsten Schwestern waren damals erst ein und zwei Jahre alt.

Das haben wir solange gemacht, bis es für meine ältere Schwester und mich Zeit für die weiterführende Schule wurde. Damals gab es noch keine internationale Mittel- und Oberstufe in Nigeria. Elf Jahre später konnten meine jüngeren Schwestern bis zum Abitur in Nigeria bleiben – aber als ich und meine ältere Schwester soweit waren, gab es das ganz einfach noch nicht. Meine Eltern haben sich deshalb für ein Jahr von ihrem Job in Nigeria beurlauben lassen, so dass wir als Familie in die USA zurückziehen konnten. Ich bin dort in die 8. Klasse gekommen.

Das war das schlimmste Jahr meines Lebens. Schließlich war Nigeria mein normales Leben gewesen, und als ich auf einmal in den USA war, ist mir das Einleben dort erst einmal richtig schwer gefallen. Ich sah aus wie alle anderen, aber ich wusste ja nichts vom Leben in den USA.

Ich war bei Temperaturen um die 30 Grad aufgewachsen und auf einmal war ich in Chicago und es wurde furchtbar kalt. Ich war in Afrika aufgewachsen und fühlte mich nigerianisch, aber ich war nun mal nicht schwarz. Und Kinder mit 13 sind sowieso einfach gemein, wenn du anders bist. Es ist ja ohnehin ein schwieriges Alter, jeder versucht herauszufinden, wer er ist.

Ein Jahr nach dem Umzug in die USA habe ich mit der Oberstufe angefangen und musste zum Glück die Schule wechseln. Da habe ich mich entschlossen, keinem zu sagen, dass ich in Afrika aufgewachsen bin. Meine Eltern sind mit meinen beiden jüngeren Schwestern und meinen zwei jüngeren Brüdern nach Nigeria zurückgegangen, ich blieb mit meiner älteren Schwester bei meiner Oma. Zwei Jahre später kam mein einer Bruder dazu und später dann noch mein jüngster Bruder. Nur meine beiden jüngsten Schwestern konnten in Nigeria die High School besuchen und blieben deshalb dort. Ich habe meine Eltern nicht wiedergesehen, bis ich 18 war.

Und dann kam die Zeit fürs College. Eigentlich wollte ich Ärztin werden, habe mich dann aber an der Uni eingeschrieben, um Krankenschwester zu werden. Während des Studiums habe ich meinen späteren Mann Dave kennengelernt.

Auch er hatte als Kind im Ausland gelebt, allerdings war er da noch sehr jung. Als Kleinkind war er ein paar Jahre in China gewesen, weil seine Eltern mit der Presbyterianischen Kirche dort waren – das war zwischen seinem 2. und 4. Lebensjahr. Sie mussten dann aber das kommunistische China verlassen.

Dave und ich haben 1967 geheiratet. Unser Plan war, nach seinem Studium nach Nigeria zu gehen – er hatte immer dort hingewollt. Er bekam sogar ein Stipendium, um seine Ausbildung in Afrika fortzusetzen. Aber die nigerianische Regierung gab uns kein Visum, weil Amerikaner dort nach dem Bürgerkrieg nicht gern gesehen waren.[xiii] Für mich war das ein schockierender Moment, denn ich dachte mir: „Ich bin doch in Nigeria geboren, das steht doch sogar in meinem Pass!" Zu dieser Zeit wollte die Regierung einfach nicht, dass Weiße die Staatsbürgerschaft bekommen. Das Land hatte seine eigene, schwere Geschichte mit der Kolonialherrschaft.

Da wir kein Visum bekommen konnten, sind wir schließlich nach Liberia gegangen. Es war das erste Mal nach 12 Jahren, dass ich wieder auf afrikanischem Boden war, und es hat mich umgehauen, wie sehr es sich anfühlte, als käme ich nach Hause. Und irgendwie wurde mir auch klar, wie wenig mein Mann von mir wusste. Irgendwie haben wir es dann doch geschafft, über Weihnachten ein Visum für Nigeria zu bekommen, und konnten meine Eltern besuchen. Das erste Mal nach all diesen Jahren war ich wieder in dem Land, in dem ich geboren war. Es gab einfach so viele Dinge, die sich für mich nach Heimat anfühlten.

Meine älteste Tochter Sheri ist in Liberia geboren. Das war im September 1970. Im Februar 1971 sind wir zurück in die Staaten gezogen, weil mein Mann dort seine Ausbildung bei der US Navy beenden wollte. Er machte seinen Facharzt in Kinderheilkunde. Wir waren erst ein paar Monate in Chicago, dann sind wir nach Saint Louis gezogen, wo meine zweite Tochter geboren wurde, und später nach Portsmouth, Virginia. Hier bekamen wir unsere dritte Tochter.

Nach der Rückkehr in die USA bekam ich zum ersten Mal eine Depression. Das war ein echter Schock für mich, weil ich mich selbst nie als depressiv eingeordnet hätte: Ich hatte ein kleines Baby und ich dachte, ich habe gar keinen Grund, depressiv zu sein. Es hat Jahre gedauert, bis ich verstanden habe, was mit mir los ist: Ich hatte einfach nie getrauert um die ganzen Verluste, die ich in meiner Kindheit erlitten hatte. Denn ich hatte ja mein Leben in Afrika geliebt, das war das Leben, das ich kannte – und von einem Tag auf den anderen war ich woanders, musste mein vertrautes Leben aufgegeben.

Wir blieben bis 1976 in den USA. Dann ist unsere Familie zurück nach Liberia gezogen, weil mein Mann eine Stelle in einem Krankenhaus angenommen hatte. Für die Kinder war das eine tolle Zeit – wir lebten direkt am Strand.

1985 mussten wir das Land aber verlassen, weil politische Tumulte das Land aufrüttelten[xiv], und sind wieder in die Nähe von Chicago gezogen. Was ich bereue: 1984 ist meine älteste Tochter alleine in die USA zurückgekehrt. Meine Schwiegermutter meinte: Wenn sie jetzt in die High School hier in den USA einsteigt, dann muss sie später nicht die Schule wechseln.

Mit dem Wissen, das ich heute habe, hätte ich ein dreizehnjähriges Kind niemals alleine durch diese Phase der Wiedereingliederung gehen lassen. Aber damals dachten wir alle, dass es das Beste sei. Auch meine

Tochter freute sich darauf. Ihre Freundinnen gingen zu der Zeit sowieso alle weg von ihren Familien auf verschiedene Internate, und sie hatte Lust, in die USA zu ihrer Oma zu ziehen. Und es war ja schließlich auch geplant, dass wir als Familie neun Monate später nachkommen würden.

Bei mir war es ja damals noch so gewesen, dass ich meine Eltern dabei hatte, als ich mit 13 in die USA zog. Aber meine Tochter ist ganz alleine zurück in diese für sie ja fremde amerikanische Kultur gekommen, ganz ohne unsere Unterstützung. Das war für sie sicher unnötig schwierig. Ein Kind allein zu schicken, neun Monate, bevor die ganze Familie wieder zurücksiedelt, das war nicht klug.

Es geht ihr heute aber sehr gut. Ihr Mann ist auch TCK, ein Kinderarzt. Sie haben drei Kinder. Und ihr Problem scheint zu sein, dass sie sich fragen: Ist es überhaupt okay, ein amerikanisches Kleinstadtleben zu führen und sich einfach niederzulassen, also so gar nicht international zu sein und die Kinder nur in den USA großzuziehen?

Nachdem meine Tochter in die USA gegangen war, kam meine alte Depression wieder. Ich fragte mich, was genau ich fühle – natürlich war ich traurig, dass meine Tochter weg war, aber es war noch was anderes. Ich begann, Tagebuch zu führen, um dies besser zu verstehen – und so erlebte ich die Nacht wieder, als ich das erste Mal von meiner Familie weg musste – damals, als ich sechs war und die erste Nacht im Internat verbrachte. Damals als Kind hatte ich nicht die Möglichkeit gehabt, dies in

Worten auszudrücken, aber als Erwachsene konnte ich die Gefühle aufschreiben, als ich das alles in Gedanken noch einmal durchlebte.

Neun Monate später sind mein Mann, unsere beiden jüngeren Kinder und ich ja alle zurückgegangen in die USA. Ich war damals 39 und ich dachte, vielleicht bin ich die Einzige, die Probleme hat, sich mit diesem Leben zwischen den Kulturen zu Recht zu finden. Ich bekam eine Einladung für die erste Konferenz für Missionarskinder und habe mit dem Programm geholfen.

So habe ich auch David Pollock kennengelernt, der diese Konferenz organisierte. Durch ihn und diese Konferenz wurde mir zum ersten Mal klar, dass es auch andere gibt, die ähnliche Erfahrungen gemacht haben wie ich. Zum ersten Mal hörte ich, dass es einen Namen für Leute wie mich gibt – Third Culture Kids oder auch Global Nomads – und dass ich nicht alleine bin mit diesen Erfahrungen.

Ich meine, die ganzen Jahre zuvor hatte ich versucht zu verstehen, wer ich bin. Ich hatte alle diese Artikel über Depression gelesen und keiner schien auf mich zuzutreffen.

Erst jetzt erkannte ich: So viele der Verluste, die TCKs erleiden, sind unsichtbar. Ich hatte so viel verloren, als ich damals mit sechs das Flugzeug bestieg, um ins Internet zu gehen, und als ich mit 13 mein Geburtsland Nigeria verließ, um in den USA zur Schule zu gehen. Alles, was mein Zuhause ausmachte, und irgendwie auch meine Familie, habe ich verloren – schließlich waren wir so mit allen Geschwistern und meinen Eltern nicht mehr zusammen, nachdem sie ein Jahr später mit meinen jüngeren Geschwistern wieder nach Nigeria zurückflogen. Unsere Familie war gewissermaßen gestorben, wir würden nie wieder zwei Eltern und sechs Kinder sein.

Das ist ein großes Problem in den Biographien vieler TCKs: Trauerarbeit gibt es nicht. Denn es gibt natürlich keine Beerdigung, denn es ist ja auch keiner gestorben, Trauer wird nicht verarbeitet. Ein einziger Nachtflug reißt dich aus deinem Leben. Und irgendwie erwartet einen meistens ja auch etwas Neues, Gutes: Ich wusste zum Beispiel, ich werde nach Amerika gehen und bei meiner Großmutter leben, was ja auch toll und aufregend war. Heute denke ich: Nicht verarbeitete Verluste und Trauer ist das größte Thema bei TCKs. Die ganze Sache war ja damals auch noch kein Thema in der Psychologie und der psychologischen Beratung. Erst in den vergangenen Jahren wurde dieser Berufszweig dafür sensibilisiert.

Es ist natürlich auch für Eltern schwierig, sich damit auseinandersetzen zu müssen, denn sie werden sich dann auch fragen, ob ihre Kinder so viel Trauer durchleben. Als ich begann, die TCK Materie zu bearbeiten, sagte meine Mutter irgendwann, dass sie gedacht habe, Chicago sei mein Zuhause. Ich fragte sie, wie sie darauf käme, schließlich sei ich doch in Nigeria geboren und aufgewachsen. Sie sagte: „Ich bin deine Mutter und ich komme aus Chicago, also ist das doch auch dein Zuhause." Eltern nehmen das einfach an. Ich hatte aber auch gewissermaßen Glück, denn immer wenn wir die USA besuchten, hatte ich das Haus meiner Oma in Chicago, und das war ja auch mein amerikanisches Zuhause. Und dann gab es halt mein Zuhause in Nigeria. Damit ging es mir als Kind sehr gut, und ich glaube, viele Kinder haben das nicht – also ein Zuhause in dem Land, in das sie zurücksiedeln werden. Es gab viele erwachsene TCKs meines Alters, die sehr viel mehr Veränderungen in ihrem Leben durchgemacht haben als ich. Alles in allem war mein Leben ja ziemlich okay: Ich hatte Afrika geliebt und ich liebte später meine High School – nur diese 8. Klasse war furchtbar gewesen. Aber sonst? Alles war okay, und die Religion half mir auch.

Aber all das habe ich erst verstanden, als ich 39 war, die Begegnung mit David Pollock hat mir die Augen geöffnet. David hatte damals ein Profil für TCKs erstellt und versucht, Charakteristika zu erfassen. Er reiste in den 1980ern durch die ganze Welt zu internationalen Schulen, um das Personal dort für die Probleme und die Herausforderungen ihrer Schüler zu sensibilisieren. Er forderte mich damals auch auf, ihm zu schicken, was ich bisher geschrieben hatte – also meine Tagebücher aus Liberia aus der Zeit, nachdem meine Tochter gegangen war.

Aber Verlage waren nicht bereit, dies zu veröffentlichen – sie sagten, das würde keinen interessieren. Deshalb habe ich das Geschriebene 1987/1988 über einen Freund veröffentlicht – das war mein erstes Buch *Letters never sent* [xv].

Weil das Buch über keinen Verlag veröffentlicht wurde, mussten mich die Interessenten entweder direkt anschreiben oder anrufen, um eine Ausgabe zu bekommen.

Je mehr Leute mich kontaktierten, desto häufiger merkte ich: Ich bin nicht die Einzige, die diese Geschichte hinter sich hat. In dieser Zeit hat mich die Vergangenheit eingeholt. Die Geschichten, die ich von meinen Lesern hörte, haben mich sehr berührt.

Es wuchs auch gerade das Interesse an diesem Thema – damals in den späten 1980ern und frühen 1990ern. Also rief ich 1992 David Pollock an und sagte: „David, du musst ein Buch schreiben“. Seine Antwort: „Dafür habe ich keine Zeit“.

Und so kam es, dass ich die nächsten sieben Jahre im Keller verbracht habe… 1999 erschein dann unser gemeinsames Buch *Third Culture Kids*, das übrigens 2003 auch ins Deutsche übersetzt wurde. Und kaum, als das Buch erschienen war, bekam ich Krebs. Wieder musste ich mich mit mir auseinandersetzten und herausfinden, wer ich eigentlich bin. Das war eine harte Zeit.

Einige Jahre später – 2004 – ist David Pollock gestorben. Nach seinem Tod habe ich viele seiner Reisen angetreten, ich war in 50 unterschiedlichen Ländern – gleichzeitig hatte ich aber immer meine Home Base hier in Indianapolis.

Jetzt bin ich 71 und lebe mit meinem Mann noch immer in dieser Stadt. Meine Mutter lebt auch bei uns. Sie ist inzwischen 97 und ich pflege sie. Ich habe 13 Enkel und sie leben alle in der Nähe. In Indianapolis sind wir, seit mein Mann hier an der medizinischen Fakultät eine Stelle bekam. Zwischendurch waren wir noch ein Jahr in Kenia. Meine Kinder habe ich letztlich genauso großgezogen, wie ich aufgewachsen bin. Ich weiß, das ist paradox, aber so ist nun mal das Leben als TCK.

Identität und Trauer, das sind in meinen Augen die beiden großen Themen für TCK und auch allgemein für Kinder, die in mehreren Kulturen aufwachsen. Wie finde ich heraus, zu welcher der vielen Kulturen und Menschen, die Teil meines Lebens sind und waren, ich gehöre? Einige Leute lösen das so wie ich damals und werden ein Chamäleon, versuchen, irgendwie dazuzugehören. Andere Menschen werden aufmüpfig. Sie wissen, dass sie nicht dazugehören und versuchen es erst gar nicht, stattdessen rebellieren sie – und das oft auch auf aggressive Weise.

Und warum gibt es wohl diesen großen Zulauf zur Terrororganisation Islamischer Staat (ISIS) von Migrantenkindern in westlichen Ländern! Zu wissen, wohin man gehört, ist eine wichtige Sache. Und wenn man das nicht weiß, kommt sehr viel Ärger heraus, so viel unverarbeitete Trauer.

8
„Rituale sind ganz wichtig"
Amber, 35
USA, Ecuador, Trinidad, Indien, Hongkong, Kanada, Sri Lanka

Dass wir bei jedem Umzug auch etwas Konstantes hatten, das war in meinen Augen ein Schlüssel für eine leichtere Eingewöhnung im neuen Gastland. Rituale sind in meinen Augen ganz wichtig. In meiner Familie war dies zum Beispiel unser wöchentliches Schabbatmahl, an dieser Tradition haben wir festgehalten, egal, wo wir waren. Und bei unseren Umzügen haben meine Eltern meinen Bruder und mich immer sehr unterstützt – die Vorbereitungen liefen immer so ab, dass ich mit meinem Vater durchs Haus gegangen bin und mit ihm „Inventur" gemacht habe. Wir haben einfach aufgeschrieben, was wir so haben. Das hat mir immer total Spaß gemacht.

Als Kind habe ich die Umzüge immer als ein großes Abenteuer wahrgenommen, nie als Stress, aber ich bin mir sicher, dass meine Eltern das ganz anders erlebt haben. Schön war natürlich auch, dass wir jeden neuen Auslandseinsatz meines Vaters mit einem Urlaub in unserem neuen Gastland begonnen haben.

Aber mir ist natürlich auch klar, dass es ein großer Vorteil ist, wenn man für eine Regierung von einem Land ins andere zieht. Mein Vater war zum Beispiel im diplomatischen Dienst für die kanadische Regierung tätig. Als wir nach Indien kamen, hatten wir gleich Zugang zum großen Botschaftsgelände, und dort am Pool habe ich sofort meine spätere beste Freundin kennengelernt. In den ersten Wochen an einem neuen Einsatzort waren die Kontakte zu anderen Kanadiern, die in der Botschaft oder im Konsulat tätig waren, sehr hilfreich, und Kanadier waren deshalb auch immer unsere ersten Kontaktpunkte. Es war gut, über die Botschaftsgemeinde immer ein Netzwerk zu haben. Das war für mich sehr wichtig, um mich überall sicher und schnell Zuhause zu fühlen. Außerdem muss sich die Regierung ja um ihre Angestellten kümmern. Es ist sicher oft etwas ganz anderes, wenn der Arbeitgeber aus der Wirtschaft kommt.

Ich bin in North Carolina in den USA geboren, aber kurz nach meiner Geburt haben sich meine Eltern getrennt und meine Mutter ist mit mir in ihr Heimatland Ecuador zurückgekehrt. Dort hat sie meinen kanadischen Adoptivvater kennengelernt, der damals schon für die kanadische Regierung arbeitete. Als ich zwei Jahre alt war, sind wir nach Trinidad gezogen. Aber von dort mussten wir nach nur einem Jahr weg, weil unser Haus mehrere Male ausgeraubt wurde und es zu unsicher wurde. Wir waren danach vier Jahre in Kalifornien, dort wurde ich auch eingeschult, und mein Bruder ist dort geboren.

Von dort aus ging es nach Indien, wo wir drei Jahre gelebt haben. Ich erinnere mich, dass ich ganz aufgeregt war, als ich erfahren habe, dass wir ins Ausland gehen und dass es toll war, in Indien anzukommen. Drei Jahre später war der Neuanfang in Hongkong deutlich schwieriger für mich. Das lag bestimmt auch daran, dass die kanadische Expat-Gemeinde in Hongkong nicht ganz so eng verbunden war, die Botschaft war zum Beispiel in einem Hochhaus untergebracht, ganz anders als in Delhi. Ich habe drei Jahre in Hongkong gelebt, vom elften bis zum vierzehnten Lebensjahr. Es war überhaupt ein etwas harscheres Erlebnis als die Zeit in Indien. Ich bin mir nicht ganz sicher, woran das lag, ob es die Stadt war oder das Alter.

Als ich 14 wurde sind wir in eine Vorstadt von Kanadas Hauptstadt Ottawa gezogen. Enge Familie haben wir in Kanada nicht, denn die Eltern meines Vaters sind schon früh verstorben, aber er hat Kinder aus seiner ersten Ehe in Toronto.

Ich erinnere mich noch, dass ich unbedingt auf ein Konzert meiner damaligen Lieblingsband wollte, aber meine Eltern wollten nicht mit und mein Bruder war zu jung. Obwohl sie sehr streng waren, haben sie mir mit meinen 14 Jahren erlaubt, alleine ins Stadion zu gehen. Sie haben an der Kasse mit angestanden, aber im Konzertsaal war ich alleine. Ich habe eine Gruppe Mädchen gefunden und bin einfach dorthin und habe gefragt: „Hey, ich bin hier allein, kann ich bei euch sitzen?" Und sie sagten: „klar" und für zwei Stunden hatten wir Spaß. Ich wusste halt immer, ich muss selbst handeln, auf Leute zugehen. Das habe ich früh gelernt.

In Kanada habe ich mich sehr wohl gefühlt. Dabei hatten mir andere Diplomatenkinder Horrorgeschichten über das Wiedereinleben in dem Land erzählt. Sie sagten: „Da wirst, wenn du Pech hast, nur wegen deiner Turnschuhe zusammengeschlagen." Aber ich habe sofort Freunde gefunden und hatte eine tolle Clique. Dabei hatte keiner meiner Freunde einen internationalen Hintergrund oder irgendwie annähernd Erfahrungen wie ich gemacht. Aber alles fühlte sich normal an, es hat mir Spaß gemacht, mit meinen Freunden abzuhängen.

Eigentlich wollten wir dort bleiben, bis ich mit der High School fertig bin. Aber nur ein Jahr vor meinem Abschluss hieß es dann, wir würden nach Sri Lanka ziehen. Das hat genervt, nur für ein Jahr noch mal auf eine neue Schule zu kommen. Ich wollte einfach nur in Kanada bleiben. Ich sehnte mich nach dem kanadischen Lebensstil. Nach meinem Schulabschluss in Sri Lanka bin ich deshalb gleich zurückgekehrt und habe in Kanada studiert. Ich habe mich immer kanadisch gefühlt und war stolz, Kanadierin zu sein. Aber das lag bestimmt auch daran, dass mein Vater im diplomatischen Dienst war, und uns als Familienangehörigen wurde ja auch vermittelt, dass wir das Land repräsentieren.

Mein Bruder hat es anders gemacht: Er ist nicht nach Sri Lanka mitgekommen, sondern ist lieber auf ein kanadisches Internat gegangen. Er wollte einfach ein ganz normales kanadisches High School Leben haben. Genau wie ich hat er sich immer nach Kanada hingezogen gefühlt, und ich denke, seine kanadische Identität hat sich durch seinen Entschluss noch einmal besonders gefestigt, er hat sich wirklich in der Kultur eingelebt. Und reisen konnte er ja immer noch: Unsere Eltern lebten nach Sri Lanka noch in London, auf den Philippinen und in New York, und wir reisten über Weihnachten und in den Sommerferien immer zu ihnen. Über den Sommer bekamen wir an den Botschaften auch immer tolle Ferienjobs.

Meine ganze Schulausbildung habe ich in amerikanischen oder internationalen Schulen absolviert, immer englischsprachig, und das ist auch die einzige Sprache, die ich spreche. An diesen Schulen macht jeder Schüler immer wieder die Erfahrung des Abschieds. Gerade hat man eine gute Freundin gefunden – und schon reist sie ab. Man kann sich nie ganz sicher fühlen, so würde ich es beschreiben. Man findet eine tolle Freundin, die vielleicht auch ein Verbindungsglied zu deiner Clique ist, aber am Ende des Jahres geht sie weg – das ist immer ein unsicheres Gefühl.

Schon in der Schule habe ich meine Leidenschaft fürs Schauspiel entdeckt. Ich liebe die Bühne. In Sri Lanka war ich in einer kleinen regionalen Theatertruppe und war Leadsängerin in einer Metal Band. Ich habe in Kanada Schauspiel studiert und danach für acht Jahre als Schauspielerin gearbeitet. Als meine Eltern zu ihrem letzten Posten nach New York versetzt wurden, konnte ich aber nicht widerstehen und habe die Chance genutzt. Ich liebe diese Stadt, aber es ist in New York sehr viel schwieriger als in Kanada, von der Schauspielerei zu leben. Deshalb arbeite ich jetzt tagsüber in der kanadischen Botschaft und schauspielere abends oder am Wochenende. Ich habe eine eigene Solo-Show. Viele TCKs sind im künstlerischen Bereich tätig, ich denke vielleicht, weil man dort seine Erfahrungen teilen kann.

Ich bin jetzt achteinhalb Jahre in New York und vorher habe ich nie länger als vier Jahre an einem Ort gelebt. Das hat bestimmt auch mit der Natur dieser Stadt zu tun, die so transitorisch ist. Aber meine beste Freundin kenne ich bereits seit sieben Jahren und wir haben schon so viel gemeinsam erlebt. Diese Erfahrung hatte ich vorher noch nicht gemacht, eine so lange Bindung mit einer Freundin.

Inzwischen sind meine Eltern in Rente. Sie leben in einer kleinen Stadt in der Nähe der Niagarafälle. Ich finde es richtig cool, ein Zuhause zu haben: Meine Eltern sind da, und alle meine Sachen sind da. Diese Erfahrung hatte ich vorher auch nie gemacht. Die Eltern meines Vaters sind schon früh gestorben und meine Großeltern in Ecuador haben wir zwar immer mal wieder besucht, aber sie waren ja weit weg.

Im letzten Jahr habe ich ein Masterstudium in Psychologie begonnen. Ich kann mir gut vorstellen, an einer Schule oder auch für die kanadische Regierung zu arbeiten und TCKs und ihre Eltern zu beraten. Die kanadische Regierung macht noch immer recht wenig für die Familien, wenn sie umziehen. Die US-Regierung ist sehr viel weiter bei der Begleitung, vor allem für Kinder. Kanada bietet höchstens Beratung für Eltern an.

Ich betrachte mich als TCK und denke, dies beschreibt meine Charaktereigenschaften am besten. Ich glaube, dass die meisten meiner positiven Seiten aus meiner TCK-Erfahrung stammen. Für meine Partnerschaft könnte ich mir beides vorstellen: Gerne würde ich jemanden mit einer internationalen Karriere kennenlernen und mit ihm ziehen.

Ich glaube, wegen meiner Erfahrungen könnte ich später auch meinen Kindern zeigen, wie sie am meisten aus so einem mobilen Leben herausholen, wie sie eine echte Immersion in eine andere Kultur erleben. In jungen

Jahren zu lernen, dass Leute Dinge unterschiedlich machen, das ist in meinen Augen wichtig. Aber wenn ich jemanden kennenlerne, der in einer nordamerikanischen Kleinstadt lebt, wäre das auch okay für mich. Ich habe beide Lebensstile kennengerlernt und komme mit beiden zurecht.

Viele TCKs haben Probleme mit langen Beziehungen, weil sie das nie erlebt haben. Aber ich habe auch Leute kennengelernt, die genau den anderen Weg eingeschlagen haben, sich ganz schnell niedergelassen und fünf Kinder bekommen haben.

9
„Erst in Amerika habe ich gemerkt, dass ich gar nicht amerikanisch bin"

Myriam, 48

Marokko, Griechenland, USA

Als ich mit 17 zum Studium in die USA gegangen bin, habe ich gemerkt, dass die Menschen Recht hatten, wenn sie mich nicht amerikanisch fanden. Ich war es nicht, obwohl ich mich als Kind immer sehr amerikanisch gefühlt hatte. Aber noch heute fühle ich mich tatsächlich in den USA noch ein bisschen fremd, so wie ich mich in Marokko und in Griechenland fremd fühle. Ich habe mich nie so gefühlt, als würde ich hundertprozentig nach Marokko passen, obwohl ich dort aufgewachsen bin. Und ich habe mich auch nie so gefühlt, als ob ich hundertprozentig nach Amerika passen würde, obwohl ich hier schon fast 30 Jahre wohne.

Ich bin fast überall Ausländerin, nur nicht in meinem eigenen Kopf und in meinem eigenen Haus. Aber wenn ich Leute treffe, die eine ähnliche kulturelle Vergangenheit haben wie ich, dann fühle ich mich geborgen. Menschen, deren Eltern auch einen internationalen Hintergrund haben.

Mein Vater ist Marokkaner und meine Mutter ist die Tochter von griechischen Einwanderern in den USA. Als mein Vater zum Studium in die USA gegangen ist, haben sie sich kennengerlernt und sind nach der Hochzeit nach Marokko gezogen. Mein Bruder und ich sind in Casablanca geboren und aufgewachsen. In unserem Elternhaus gab es deshalb auch alles: griechische, marokkanische und amerikanische Kultur. Mein Vater hat zwar für internationale Unternehmen gearbeitet, aber wir sind nie ins Ausland gegangen.

Trotzdem hatten wir immer viele Freunde in Marokko, die einen internationalen Hintergrund hatten. Leute, die über ihre Botschaften oder über internationale Unternehmen nach Casablanca gesendet wurden. Außerdem war ich auf internationalen Schulen, meine Klassenkameraden kamen deshalb oft aus dem Ausland oder waren wie ich Halbmarokkaner. Meine Kindheit sah deshalb so aus, dass ich immer wieder „Hallo" und „Tschüss" sagen musste zu meinen Freunden, die aus aller Welt kamen.

Zuerst bin ich auf eine französische Schule gegangen, und französisch war keine der Kulturen, die in meinem Haus vorherrschten. Die kam sozusagen noch dazu zu den drei Kulturen, mit denen ich ohnehin von Hause aus in Berührung kam.

In den Ferien fuhren wir oft nach Amerika, um Verwandte zu besuchen. Durch meine Mutter bin ich auch amerikanische Staatsbürgerin. Wir feierten Thanksgiving und haben in unserem Haus auch fast nur Englisch gesprochen. Ich fühlte mich als Kind und Jugendliche immer sehr amerikanisch, obwohl ich ja nie woanders als in Marokko gewohnt hatte.

Aber alle Amerikaner fanden mich exotisch. Das habe ich herausgefunden, als ich mit 17 auf die Universität nach Amerika gegangen bin. Niemand in Ohio fand mich amerikanisch. Ich glaube auch schon, dass ich mich auch einfach anders benommen habe als die Jugendlichen dort. Es sind die kleinen Dinge. Meine amerikanischen Mitstudenten sind einfach in Jogginghosen zum Unterricht gegangen. Ich dagegen bin früh aufgestanden, habe mich fertig gemacht und gut angezogen.

Was noch dazu kommt war mein Aussehen. Ich sehe nun mal aus wie jemand, der aus dem Mittelmeerraum stammt – eben griechisch oder marokkanisch. Für meine Mitstudenten sah ich also auch physisch einfach anders aus als sie. Sie konnten sehen, dass ich keinen mitteleuropäischen Hintergrund hatte, und ich war halt auch keine Afroamerikanerin. In ihren Augen sah ich einfach anders aus.

Ich hatte die Uni in Ohio extra ausgewählt, weil es dort ein spezielles Programm für Studenten gab, die wieder in die USA zurückkehren – sie nannten das International Americans. Es war also speziell für Amerikaner, die lange Zeit im Ausland gewesen waren – oder so wie ich, noch nie in Amerika gelebt hatten, obwohl sie die Staatsbürgerschaft haben.

Wir wurden zwar nicht so behandelt wie ausländische Studenten, aber die Uni hat sich sehr um uns gekümmert. Wir hatten einen Tutor, der uns durch unser Studium begleitet hat, und andere Hilfsangebote.

Das war schon 1988. Das College war damals wirklich sehr früh dran mit einem Programm dieser Art, viele Unis hatten so etwas noch nicht. Der Grund war, dass viele ehemalige Missionare in der Gegend wohnten, die mit ihren Kindern in die USA zurückkehrten. Durch das Programm habe ich viele Menschen kennengelernt, die Amerikaner waren, aber auch noch nie in den USA gewohnt hatten. Das half mir am Anfang sehr.

Manchmal glaubt man auch einfach, man wüsste Dinge, obwohl man sie gar nicht wirklich weiß. Ich hatte zum Beispiel noch nie meine eigene Wäsche gemacht. In Amerika bringen Eltern den Kindern bei, wie solche einfachen Haushaltsaufgaben erledigt werden.

Aber in Marokko hatten wir eine Haushälterin, die diese Dinge für uns getan hat. Oder auch eine einfache Sache wie in der Schlange zu stehen war am Anfang für mich ungewohnt. Das kannte ich nicht. In Marokko und auch in Griechenland war es damals so, dass man sich nach vorne drängeln musste, sonst wurde man nicht bedient.

Aber auch in Marokko fühlte ich mich immer fremd, obwohl ich ja dort aufgewachsen bin und die ersten 17 Jahre meines Lebens dort gewohnt habe. Marokkos Gesellschaft ist sehr homogen. Fast alle Einwohner dort sind Muslime - nicht unbedingt konservativ, aber praktizierend. In den städtischen Gegenden sprechen fast alle Arabisch und Französisch, auf jeden Fall ist Arabisch die erste Sprache.

Aber in unserem Zuhause hatten wir andere kulturelle Gepflogenheiten als der Großteil der Bevölkerung. Wir haben nicht fünfmal am Tag gebetet. Mein Vater trank Alkohol und wir haben Schweinefleisch gegessen. Meine Mutter machte Bacon zum Frühstück. Wir feierten natürlich die muslimischen Feiertage, aber auch die amerikanischen und griechischen. Und Weihnachten, denn meine Mutter ist Christin.

Außerdem habe ich nie so wirklich fließend Arabisch gesprochen. Weil ich auf eine französische Schule gegangen bin, war meine Unterrichtssprache Französisch, und zu Hause haben wir ja meistens Englisch gesprochen. Auf der französischen Schule fühlte ich mich immer wohler mit Kindern, die wie ich einen gemischten Hintergrund hatten – wenn also ein Elternteil aus einem anderen Land kam. Ich fühlte mich mit diesen Kindern einfach wohler als mit Kindern, deren Eltern Marokkaner waren.

Ich glaube, der Grund war, dass die Kultur in ihrem Zuhause dann auch anders war als in der rein marokkanischen Gesellschaft. Diese Kinder hatten ein ähnliches Zuhause wie ich, eine gleiche kulturelle Erfahrung. Sobald Leute herausfanden, dass meine Mutter Amerikanerin ist, war ihnen sowieso klar, dass ich „anders" bin.

In der Oberstufe bin ich auf eine amerikanische Schule gegangen und da waren natürlich besonders viele amerikanische Kinder. Dort habe ich mich richtig wohl gefühlt. Das war auf der französischen Schule anders gewesen, dort war es sehr viel bunter gemischt, der ausländische Elternteil kam aus Frankreich oder Deutschland oder sonst wo her.

In den vergangenen Jahren habe ich mich bemüht, mehr über Marokko zu lernen, über die kulturellen Referenzpunkte. Schließlich kommen immer mehr Marokkaner nach Amerika und ich habe das Gefühl, dass ich sie kennenlernen und ihnen helfen möchte. Ich möchte einfach was mit ihnen zu tun haben. Und trotzdem fühle ich mich auch ihnen gegenüber fremd. Zum Beispiel müssen sie sich um Dinge Sorgen machen wie Einwanderung oder die Sprache. Um sowas musste ich mir nie Gedanken machen. Das Gefühl, anders zu sein, bleibt.

Ich spreche jetzt sogar besser marokkanisches Arabisch als ich es früher getan habe und ich verstehe die Kultur besser als damals als Teenager in Marokko. Ich kann zwar immer noch nicht Hocharabisch sprechen, lesen oder schreiben, aber das marokkanische Arabisch kann ich jetzt besser als damals. Ich kann mich besser ausdrücken und weiß, wie man mit bestimmten Dingen im alltäglichen Leben umgeht.

Ich habe hier als Erwachsene gelernt, wie man zum Beispiel jemandem zur Geburt des Babys gratuliert oder was man auf einer Beerdigung zum Trost sagt. Früher habe ich nur mit meiner Großmutter väterlicherseits einfaches Arabisch gesprochen – oder aber Französisch.

Meine Mutter sprach mit uns ja meistens Englisch, nur wenn sie sich ärgerte, dann schimpfte sie auf Griechisch. Außerdem ist ihr Vater, als ich Kind war, aus Amerika zu uns gezogen, um bei uns in Marokko zu leben. Meine Mutter war sein einziges Kind und er wollte in seinem Rentenalter einfach in der Nähe seiner Tochter wohnen.

Die beiden haben auf Griechisch miteinander gesprochen, deshalb kann ich Griechisch einigermaßen gut verstehen und ein bisschen Lesen – die Überschriften in der Zeitung zum Beispiel. Meine Mutter hat mir das griechische

Alphabet beigebracht. Außerdem hat sie mir als Kind oft griechische Geschichten vorgelesen.

Wenn wir in den Schulferien nicht in die USA gefahren sind, haben wir Verwandte in Griechenland besucht. Meine Mutter hat dort noch ziemlich viele Verwandte.

Für amerikanische Standards waren das immer sehr lange Ferienaufenthalte – wir verreisten immer für vier bis sechs Wochen, wenn wir nach Griechenland oder Amerika fuhren.

Ich habe Politikwissenschaften studiert. Ursprünglich wollte ich in die internationale Entwicklungsarbeit gehen und hatte damit auch begonnen, aber dann festgestellt, dass ich für die Arbeit nicht so gerne reise. Nun arbeite ich zwar immer noch mit internationalen Organisationen, aber im operativen Geschäft. Ich bin verheiratet und habe zwei Kinder, sie sind zwölf und 15. Mein Mann ist Amerikaner. Er hatte die USA nie verlassen, bis er mich kennenlernte. Wir sind dann zusammen nach Marokko geflogen, damit er meine Familie kennenlernt.

Zuhause sprechen wir nur Englisch. Es war keine bewusste Entscheidung, nur eine Sprache mit meinen Kindern zu sprechen. Ich glaube es war so, dass ich als junge Mutter einfach überfordert war und Englisch mir nun einmal so leicht fällt. Mein Sohn hat aber ein paar Jahre Arabisch und Französisch gelernt. Und meine Tochter lernt Spanisch, das müssen alle Kinder hier im Schulsystem belegen, weil hier in Washington und Umgebung ein sehr hoher Anteil der Bevölkerung aus Mittel- und Südamerika stammt.

Umziehen wollen wir im Moment nicht, hier treibt uns nichts weg. Uns ist auch sehr klar, dass unsere Kinder bestimmte Bedürfnisse haben, die hier sehr gut erfüllt werden. Aber meine Kinder sind schon ein paarmal in Marokko gewesen und haben dort ihre Verwandten kennengelernt.

Mit meinen Mitschülern aus der Kindheit habe ich jetzt vor allem über Facebook Kontakt. Als Facebook damals auftauchte, da konnte man auf einmal wieder so leicht in Kontakt treten, das war natürlich fantastisch. Es fühlte sich an, als würde ich Teile von mir selbst wieder finden, Teile, die ich lange Zeit verloren hatte. Ich konnte mit so vielen Leuten wieder in Kontakt treten, die ich lange nicht gesehen hatte. Leute, die ich kennengelernt hatte, als ich zwölf war. Und als wir erst mal wieder Verbindung aufgenommen hatten, war es so, als hätten wir uns nie aus den Augen verloren. Wir konnten einfach da weitermachen, wo wir damals aufgehört hatten. Außerdem habe ich seitdem auch viel mehr Kontakt zu meinen Cousins in Griechenland. Es ist fantastisch, mit all diesen Leuten über Facebook in Verbindung zu sein.

Ich hab keine Ahnung, ob das mit Kindheitsfreundschaften einfach so ist, oder ob es daran liegt, dass wir als Kinder alle so ähnliche Erfahrungen gemacht hatten. Ich fühle mich mit diesen Menschen sehr verbunden, denn auch sie haben nicht nur die eine Kultur, aus der sie kommen. Sie mussten auch immer wieder neue Leute kennenlernen und sich immer wieder auf neue Situationen einstellen. In Marokko hatte ich damals ja fast nur Freunde, deren Geschichte ähnlich wie meine war, und bei denen ein Elternteil aus dem Ausland kam. Bei den meisten war klar, dass sie zwar ihre Kindheit in Marokko verbringen, aber als Erwachsene eventuell woanders hinziehen würden. Gleichzeitig wär es mir nie in den Sinn gekommen, mich nicht mit Kindern anzufreunden, die vielleicht nur für ein paar Jahre auf der Schule waren.

Aber wie gesagt, ich wurde auch sehr gut darin, auf Wiedersehen zu sagen. Das hat mich sehr geprägt. Auch heute noch bin ich gewissermaßen auf der Reise, bin in meinem privaten und beruflichen Leben weiter auf der Suche. Die Entscheidungen, die ich in meinem Leben gemacht habe und weiterhin mache – der Ort, an dem ich lebe, wo ich arbeite und wer meine Freunde sind – diese Entscheidungen habe alle dazu geführt, dass ich auch weiterhin ein internationales Umfeld habe. Ich fühle mich damit einfach sehr viel wohler als mit Homogenität.

Mein Leben in Marokko, das war damals so, dass wir ein anderes Leben im Hause hatten als außerhalb des Hauses. Ich glaube, das passiert einfach, wenn man in sehr traditionellen Gesellschaften lebt. Wenn ich zum Beispiel Bücher von Jane Austen aus dem 19. Jahrhundert lese, dann erkenne ich bestimmte Dinge wieder, die in Marokko heutzutage auch noch so sind.

Ich war mit meinem Verhalten aber immer sehr offen. Ich habe nie vorgegeben, dass ich fünf Mal am Tag bete, und ich hab auch nie gesagt, dass ich am Ramadan faste. Wir sind mit unseren Freunden ausgegangen und haben ein Glas Wein getrunken. Und ich hatte auch einen Freund, das war sehr ungewöhnlich. Gute Mädchen in Marokko haben keinen Freund, das geht einfach nicht in der traditionellen marokkanischen Gesellschaft. Ich bin immer sehr offen gewesen, was meine Ansichten betrifft, dass jeder seine Religion frei wählen kann, dass jeder frei sprechen kann. Ich glaube auch nicht, dass es für eine Gesellschaft gesund ist, Frauen anders zu behandeln als Männer. Ich hatte aber auch Glück, weil es in meinem Zuhause absolut akzeptabel war, sich zu benehmen wie ich es tat.

Außerdem war das noch in der Zeit, bevor das saudische Geld nach Marokko floss und einen konservativeren Islam brachte. Damals waren die Leute noch recht tolerant und offen. Ich habe das Land 1988 verlassen. Als ich aufwuchs, war es sehr ungewöhnlich, junge Frauen mit einem Kopftuch zu sehen. Wenn sie eins trugen, dann trugen sie es sehr locker. Es wurde einfach über den Kopf geworfen, und wenn es wegrutschte, dann war das auch nicht schlimm.

Aber jetzt, da ich jedes Jahr oder jedes zweite Jahr zurückfliege, fällt mir auf, dass immer mehr Frauen ein Kopftuch tragen. Sie tragen es aber nicht mehr so, wie ich es aus der Kindheit erinnere, sondern sehr eng anliegend, so dass nur das Gesicht frei ist.

Wenn ich die Frauen frage, warum sie jetzt ein enges Kopftuch tragen und nicht ein lockeres, so wie es ihre Mütter und Großmütter getan haben, dann sagen sie Dinge wie: So ist es besser, so rutscht es nicht weg.

Es machte natürlich auch einen Unterschied, dass ich in Casablanca, der größten Stadt des Landes, gewohnt habe. Hier waren die Menschen sehr aufgeschlossen und international. Casablanca hat sich seitdem aber sehr verändert. Früher, als ich noch dort wohnte, war es ein bisschen verschlafen, es wurde nachts ruhiger. Aber jetzt ist immer etwas los, es ist fast wie New York City. Es wurde auch sehr viel gebaut.

Ich mache mir ein bisschen Sorgen, weil ich das Gefühl habe, dass sich die Leute eher auf die Religion konzentrieren, als darauf, Sachen zu verbessern, die verbessert werden sollten. Ich glaube, dass Modernität und Islam sehr wohl miteinander vereinbar sind. Es ist sehr wohl möglich, Muslim zu sein und trotzdem sehr offen und modern. Ich bin ja auch Muslimin. Und ich glaube auch an die Rechte der Frauen. Aber ich habe das Gefühl, dass die Leute einer Gehirnwäsche unterzogen wurden. Ihnen wurde gesagt, dass Frauenrechte und Demokratie westliche Werte sind, die mit unserer Kultur nicht vereinbar sind. Marokko ist jetzt ein ganz anderer Ort als damals, als ich dort aufwuchs.

Aber ich habe auch sehr viel Hoffnung für das Land. Es scheint immer mehr damit klar zu kommen, dass Modernität und Islam miteinander vereinbar sind und was es bedeutet, modern, Muslim und vor allem Marokkaner zu sein. Viele wenden sich von den saudischen Einflüssen ab und verfolgen einen moderateren, marokkanischen Weg. Außerdem gibt es mehr Verständnis für andere Religionen, auch für jüdische Marokkaner.

Meinen Kindern versuche ich schon, etwas von den Kulturen zu vermitteln, in denen ich aufgewachsen bin. Ich versuche, marokkanisches oder griechisches Essen zu kochen. Wenn es in der Schule Veranstaltungen gibt, in denen die Eltern über ihr Land erzählen können, dann gehe ich auch immer hin. Neulich gab es ein Fest in der Schule meiner Tochter. Dafür habe ich uns griechische Kleider besorgt, und wir haben den Kindern einen griechischen Tanz beigebracht.

Aber oft dreht sich bei Kultur so viel um die Religion. Hier ist zum Beispiel eine griechisch orthodoxe Kirche um die Ecke, aber wir gehen selten hin, meist nur für die Feste, aber nicht für einen normalen Gottesdienst. Und ich würde meine Kinder auch nie zur Moschee zum Sprachunterricht schicken, weil ich nicht möchte, dass sie dort auch andere Dinge neben der Sprache lernen. Mein Mann hat sich tatsächlich selbst ein wenig marokkanisches Arabisch beigebracht. So konnte er in Marokko mit meinen Verwandten sprechen, konnte in den Laden gehen und einkaufen.

Meine Eltern sind jetzt Rentner. Sie verbringen sechs Monate des Jahres in Marokko, und die anderen sechs Monate hier in den USA. Wenn sie hier in den USA sind, dann wohnen sie immer bei uns hier in unserem Haus. Das ist auch sehr schön, weil meine Kinder so eine gute Beziehung zu ihnen aufbauen können.

10
„Ich will dort leben, wo ich am besten zurechtkomme“

Alex, 23

Russland, Weißrussland, Mazedonien, Polen, USA und Kanada

Ich bin in Moskau geboren, aber als ich noch ganz klein war, haben sich meine Eltern getrennt und ich bin nach Weißrussland zu meinen Großeltern gekommen. Meine Mutter wollte nämlich nach Amerika gehen und dort studieren, später hat sie dann auch da gearbeitet. So bin ich also in Weißrussland bei meiner Großmutter aufgewachsen, bis ich 15 war. Und dann meinte meine Mutter: „Du bist mein Sohn und jetzt kommst du zu mir.“

Sie hatte zuletzt in New York gearbeitet, dann aber einen Job in Warschau angenommen. Leicht war die Entscheidung, aus Weißrussland wegzugehen und nach Polen zu ziehen, für mich nicht – aber meine Oma sagte: „Das ist gut für dich. Es ist das Beste, was du tun kannst. Es ist eine tolle Gelegenheit, du solltest gehen.“ Und weil ich immer auf meine Oma höre, bin ich dann auch gegangen.

Zwei Jahre habe ich in Warschau gelebt. Zuerst war es richtig schwierig für mich. Du wirst aus deinem Umfeld rausgerissen, deine Freunde und Familie verschwinden von einem Tag auf den anderen aus deinem Leben, und du musst dir irgendwo anders einen neuen Bekanntenkreis aufbauen. Und die, die Zuhause geblieben sind, mögen dich zwar noch, aber sie lernen natürlich auch, ohne dich zu leben. Sie können sich ja schließlich nicht mehr auf dich verlassen oder dich anrufen und sagen: „Mir geht es gerade schlecht, komm doch vorbei, lass uns reden."

In der ersten Zeit in Warschau wollte ich unbedingt zurück nach Weißrussland. Das ging für ein halbes oder vielleicht sogar ein ganzes Jahr so, ich war total deprimiert – solange, bis ich einen neuen Freundeskreis aufgebaut hatte. Im Nachhinein denke ich, nach Warschau zu gehen war eines der besten Dinge, die ich in meinem Leben getan habe. Ich habe in Warschau neue, sehr gute Freunde kennengelernt. Leute, die jetzt auch noch meine Freunde sind. Und weil ich dachte, ich werde mein Leben in Warschau verbringen, habe ich auch angefangen, dort Dates zu haben. Ich habe meine Freundin dort kennengelernt, und wir haben jetzt vor, zu heiraten. Aber dazu später.

Dann, nach zwei Jahren in Warschau, passierte genau das Gleiche. Meine Mutter sagte: „Wir ziehen in die USA, weil ich dort einen Job habe." Ich hatte also die Wahl: Bleibe ich alleine in Warschau, gehe ich zurück nach Belarus oder mit meiner Mutter nach New Jersey? Meine Großmutter meinte – wieder einmal: „Das ist eine Chance, du solltest in die USA gehen und etwas Neues kennenlernen. Es ist gut für dich!"

Wieder wurde ich aus meinem Umfeld herausgerissen, und wieder lernte mein alter Freundeskreis, ohne mich zu leben. Und ich war wieder allein, wieder war ich deprimiert. Der ganze Mist nochmal. Aber länger als ein Jahr brauchte ich nicht, dann hatte ich neue Freunde. Ich machte Sport. Die Leute fingen an, mich zu mögen, ich wurde beliebter. Im Rückblick denke ich, dass die Zeit in New Jersey die beste Zeit meines Lebens war und ich habe auch dort wieder sehr gute Freunde gefunden, mit denen ich jetzt noch befreundet bin und die ich nie verlieren werde. Ich habe dort tolle vier Jahre verbracht.

Und dann wurde ich auch da wieder rausgerissen. Diesmal meinte meine Mutter: „Ich habe einen Job in Kanada, wir gehen dorthin." Aber diesmal war es okay, weil Toronto auch nicht so weit weg ist von New York, es sind nur sieben Stunden im Auto.

Ich bin mit allen meinen alten Freunden in Kontakt. Jetzt bin ich das zweite Jahr in Kanada und das eine Jahr, in dem ich deprimiert war, ist vorbei. Ich liebe es hier und wieder habe ich gute Freunde gefunden.

Im Rückblick hat sich alles immer zum Besten gewendet und ich glaube, im Nachhinein wendet sich immer alles zum Guten. Was ich meine: Das Meiste daran, in ein anderes Land zu ziehen, ist erst einmal schlecht. Das Umziehen war immer schwer, ganz besonders für mich. Aber letzten Endes, nach ein paar Jahren, ist immer alles gut gewesen.

Wenn ich einmal Kinder habe, dann würde ich aber wollen, dass sie an einem Ort aufwachsen. Ich möchte, dass meine Kinder von der ersten bis zur 12. Klasse in einer Schule bleiben, dass sie nicht aus ihrem Umfeld herausgerissen werden. Und wenn sie aufs College gehen, dann sollen sie das allerhöchstens ein paar Staaten weiter tun. Klar, wenn sie reisen wollen, dann sollen sie reisen, wohin sie wollen. Aber ich würde mir wünschen, dass sie in meiner Nähe wohnen.

Wenn mich jemand fragen würde, wo meine Heimat ist, würde ich Belarus sagen, bis jetzt zumindest. Solange, bis ich meinen Collegeabschluss und einen festen Job habe, bis ich verheiratet bin, Kinder habe und ein eigenes Haus, solange wird Belarus auch meine Heimat sein. Es ist ja auch so: Wenn irgendwas schief geht – hier in Kanada oder sonst irgendwo – ich habe immer einen Backup-Plan, ich kann immer zurückgehen nach Weißrussland und meine Oma, meine Cousinen und meine Tante werden mir immer helfen. Auch nach acht Jahren, die ich jetzt weg bin, nenne ich mein Zuhause immer noch Weißrussland. Ich habe zwar Freunde überall auf der Welt, aber mein Zuhause ist dort.

Als ich klein war, habe ich meine Mutter manchmal in New York besucht. Es waren immer tolle Besuche. Ich wusste, ich würde meine Mutter besuchen, sie ist ja dort und natürlich liebe ich sie sehr. Und sie ist alle sechs Monate oder so nach Weißrussland gekommen, hat mir viele Geschenke mitgebracht und natürlich immer viel Aufmerksamkeit geschenkt.

Ich spreche Russisch, Englisch und Polnisch. Weißrussisch wird zwar in Belarus gesprochen, aber es ist längst nicht so wichtig wie Russisch. Es ist Pflichtfach in der Schule und man muss es lernen. Ich kann Belarussisch sprechen, lesen und schreiben, aber ich gebrauche die Sprache eigentlich nie. Es gibt keine

Menschen im meinem Umfeld, mit denen ich die Sprache sprechen würde. Manchmal mache ich mit meinen ukrainischen Freunden Witze über unsere russischen Freunde, weil Ukrainisch und Belarussisch sehr ähnlich sind und die russischen Freunde uns dann nicht verstehen können. Ich spreche Belarussisch und sie antworten in Ukrainisch.

Außerdem spreche ich noch ein wenig Serbisch, Mazedonisch, Kroatisch und ein bisschen Griechisch. Überall, wohin ich gereist bin, habe ich die Sprache ein wenig gelernt. Nur das Nötigste, ich kann in den Laden gehen und Wein kaufen, nach dem Weg fragen und so, aber mehr nicht. Ich liebe es, Sprachen zu lernen.

Später will ich einmal leben, wo ich am besten zurechtkomme, und das ist für mich New York. Natürlich hängt das auch von meinem sozialen Umfeld und vom Job ab. Ich möchte gerne Internationale Entwicklungsarbeit studieren und in New York eine Stelle finden. Mein Ziel ist, für die Vereinten Nationen zu arbeiten, eine Frau und Kinder zu haben und in Manhattan zu wohnen. Das ist es, mehr will ich nicht. Ein ganz normales Leben – aber in New York. Am liebsten würde ich dann meine ganze Familie aus Belarus dorthin bringen – meine Oma, meine Tante. Sie alle lieben New York. Dann wäre mein Leben einfach, weil ich alle um mich herum hätte. Das wäre der perfekte Platz in der Welt für mich.

Letztlich sind es nur meine Erfahrungen mit dem Leben im Ausland, die mich von meinen Freunden in Weißrussland unterscheiden. Denn egal ob in Weißrussland oder Russland oder in irgendeinem anderen ehemaligen Ostblockland lernen Kinder immer eine zweite Sprache. Sie lernen Englisch, oder meinetwegen auch Französisch oder Deutsch. Auf jeden Fall eine der großen Weltsprachen. Jeder, den ich kenne, spricht eine zweite Sprache. Aber meine Erfahrungen im Ausland machen mich anders. Ich bin viel gereist. Ich bin so oft geflogen, ich finde mich überall zurecht.

Aber wenn ich nach Belarus komme, ist mit meinen Freunden alles wie früher auch, es ist die gleiche warme Beziehung wie als Kind. Ich kriege weder zu hören, oh, du bist so cool, du lebst in Kanada, und auch nicht: Mensch, du lebst in Kanada, wie kannst du nur. Nichts dergleichen. Sie heben mich nicht hoch und machen mich auch nicht runter. Wir sind auf Augenhöhe.

Es ist nur so, dass ich weit weg lebe und sie gelernt haben, ohne mich zu leben, und ich gelernt habe, ohne sie zu leben. Im Inneren ist das sehr schwer, ich versuche, das nicht zu zeigen, aber es ist schwer für mich, von ihnen getrennt zu leben, es tut sehr weh.

In Warschau war ich auf einer internationalen Schule – auf der Russischen Botschaftsschule. Dort waren vor allem Russen, Belarussen und Ukrainer, außerdem noch einige aus Georgien und aus dem Nahen Osten, allerdings nur sehr wenige. Das Besondere war: Alle von uns waren in der gleichen Situation.

Alle von uns wurden aus unserem vertrauten Kreis herausgerissen und in etwas Neues reingeworfen. An meinem ersten Tag in der Schule kam noch ein anderer Neuer an. Später wurde er mein bester Freund.

Ich glaube, jede Person, die ein Land verlässt und sich woanders ansiedeln muss, braucht etwas Zeit. Für mich ist das ein Jahr. Für andere mag es ein halbes Jahr sein, für wieder andere vielleicht nur ein Monat. Aber an niemandem geht so ein Umzug ganz spurlos vorüber, jeder ist mitgenommen, jeder hat seine Verletzungen, weil er Verluste erlitten hat. Wenn man etwas verliert, ist man immer verletzt. Klar, wenn man ein Land verlässt, bekommt man etwas Neues, vielleicht sogar etwas Besseres als vorher. Aber Tatsache ist doch, du hast einen Verlust erlitten.

Als ich in der zweiten Klasse war, war ich ein halbes Jahr in Mazedonien in einer amerikanischen Schule. Meine Mutter hatte mal wieder einen neuen Einsatzort für die Vereinten Nationen, diesmal war sie ein halbes Jahr in Skopje. In dem halben Jahr habe ich Tennis und Englisch gelernt und ich habe eine amerikanische Schule außerhalb von den USA kennengelernt. Im Rückblick ist das irgendwie komisch. Amerikanische Schulen in Übersee sind interessant: sie versuchen so stark amerikanisch zu sein. Das ist genau das Gleiche mit den Russen: Es ist schwer, in einem anderen Land Russisch zu sein. In der Schule spricht man zwar meistens Russisch, aber dann auf der Straße wird Polnisch oder Englisch gesprochen.

Wenn Leute mich hier fragen, woher ich komme, was das für ein Akzent ist, dann sage ich, ich bin russisch. Wenn ich Weißrussland sagen würde, würden sie fragen: „Bitte? Wo ist denn das? Ist das ein Land?“ Deshalb erkläre ich nur Leuten, die sich wirklich für mich interessieren, dass ich aus Belarus komme. Wenn ich mich beschreiben sollte würde ich sagen, ich bin ein Russe, der in Kanada lebt und den Plan hat, in die USA zu ziehen.

Ich bin zwar im Alter von eineinhalb Jahren weg aus Moskau, aber seit meinem ersten Besuch in der Stadt vor ein paar Jahren konnte ich nicht aufhören, immer wieder dorthin zu reisen. Ich liebe Moskau. Für mich ist es eine Art New York. Nur ein bisschen teurer und ein bisschen langsamer, es ist ein russisches New York. Aber New York liebe ich noch mehr, denn ich habe so lange in New Jersey gelebt und jedes zweite Wochenende oder so war ich in New York.

Meine Freundin wird hier mit mir in Kanada leben. Wir haben das alles schon geplant. Ich werde hier zum College gehen und sie wird in einem Jahr oder so wohl auch mit der Uni starten. Und danach werden wir nach New York ziehen. Vier Jahre bleibe ich in Kanada, bekomme meine günstige Uniausbildung und habe eine Krankenversicherung. Danach gehe ich in die USA und verdiene Geld – und lebe dort besser.

Meine Freundin ist Russin. Ich habe sie in Warschau in der internationalen Schule kennengelernt. Ihre Erfahrung ist ganz ähnlich wie meine. 70 Prozent der Sachen, die ich sage, würde sie wahrscheinlich genauso erzählen. Ihr ging es genauso wie mir, als sie mit der Schule fertig war. Sie konnte sich nicht entscheiden, ob sie in Warschau bleiben soll oder lieber weg geht. Sie hat sich entschieden, nach Russland zurückzugehen und ist dort zum College gegangen, hat aber schnell festgestellt, dass ihr das nicht gefällt. Sie ist wieder zurück nach Warschau gezogen und hat dann nach ein paar Jahren wieder gemerkt: Das ist es auch nicht. Sie ist jetzt wieder in Russland, bis sie in ein paar Monaten nach Kanada kommt.

Die letzten zwei Jahre konnte ich mich auch nicht entscheiden, was ich tun will. Ich wusste nicht, will ich zurückgehen oder bleiben, ich hatte keine Ahnung. Aber jetzt weiß ich genau, was ich studieren will, und ich weiß wo ich leben will und ich weiß, dass ich mit meiner Freundin zusammen sein will. Wo, was und mit wem – ich habe alle diese Fragen für mich beantwortet. Ich will ein Zuhause haben, wohin ich zurückkehren kann, und eine Frau, die auf mich wartet. Jede Reise soll dann nur noch für eine begrenzte Zeit sein.

11
„Für Frauen aus traditionellen Ländern ist der Weg ins Ausland oft eine Einbahnstraße"

Cherifa, 33

Niger, Kenia, USA

Ich denke, dass es für Frauen aus nichtwestlichen Ländern oft schwierig ist, wieder in ihr „altes" Leben zurückzukehren, wenn sie einmal im Ausland waren. Denn wir kommen oft aus traditionellen Kulturen, und wenn wir einmal in einer offeneren, westlichen Kultur gelebt haben, ist es schwierig, wieder in strengeren, konservativen Familienstrukturen zu leben. Zum Beispiel haben Frauen, die nicht verheiratet sind, oft das Problem, dass sie von der Gesellschaft nicht anerkannt werden. Für Frauen aus Entwicklungsländern ist der Weg ins Ausland deshalb oft eine Einbahnstraße. Außerdem haben es Frauen im Ausland oft schwerer als Männer. Das war schon bei meinen Eltern so: Mein Vater war Ingenieur, meine Mutter Lehrerin – sie konnte aber außerhalb von Niger nicht in ihrem Beruf arbeiten. Das geht vielen Partnern von Leuten so, die im Ausland eine Stelle bekommen, und das sind ja doch vor allem Frauen. Es liegt schon an der Arbeitserlaubnis, manchmal auch an der Sprache.

Ich bin in Niger geboren, später nach Kenia gezogen, und dann in die USA, weil mein Vater für die Vereinten Nationen gearbeitet hat. Als wir nach Kenia gezogen sind, war ich acht. Ich bin dort auf eine internationale Schule gekommen und habe deshalb mit Leuten aus der ganzen Welt zu tun gehabt. Es war eine französische Schule, aber als ich drei Jahre später in die USA kam, gab es keine solche Schule, und ich musste erst einmal Englisch lernen. Als ich 17 Jahre alt war sind wir wieder nach Kenia gezogen und dort habe ich dann an einer französischen Schule meinen Abschluss gemacht.

Ich habe mein Aufwachsen als anders erlebt als das von Menschen, die aus einer „dominanten" Kultur stammen und die deshalb oft sprachliche und kulturelle Enklaven im Ausland vorfinden und die Sprache des Gastlandes oft nicht lernen. Aber das ist schade, denn über die Sprache nähert man sich ja auch einer anderen Kultur. Natürlich kann man Sprachen auch noch als Erwachsener lernen, aber für Kinder ist das natürlich viel einfacher. Und genauso ist es, wenn es darum geht, sich auf eine neue Kultur einzulassen. Kinder machen keine Unterschiede bei verschiedenen Abstammungen oder bei sozialen Klassen. Erwachsene sind oft voreingenommen und interpretieren viel in Personen und Ereignisse hinein, fühlen sich mit Menschen eines bestimmten Hintergrundes einfach wohler als mit anderen.

Ich als Nigrerin hatte nie die Wahl, ich konnte außerhalb des Landes nirgendwo auf die nigrische Kultur zurückgreifen. Ich glaube daher, dass die Erfahrungen für nichtwestliche TCKs ganz anders sind.

Eine andere Sache, die TCKs in die Wiege gelegt wird, ist Anpassungsfähigkeit, also die Gabe, sich gut an neue Situationen anpassen zu können. Das kann einem eventuell auch in der Arbeitswelt weiterhelfen, allerdings: es kann auch das Gegenteil passieren, also dass globale Nomaden als Arbeitnehmer sehr sprunghaft sind, und vielleicht nicht die zuverlässigsten Arbeitnehmer werden. Routine-Aufgaben etwa werden wahrscheinlich für einen solchen Arbeitnehmer schwierig sein.

Oft ist es für TCKs gut, in einer Umgebung zu arbeiten, in der viel Wechsel, Bewegung und Veränderung ist. Ich würde auch allen Studenten heute unbedingt raten, einmal in ein anderes Bildungssystem zu wechseln. Die Gesellschaften überall auf der Welt ändern sich durch Migration, durch gemeinschaftliche Wirtschaftssysteme und zunehmende Vernetzung. Eine Möglichkeit, diese Veränderung zu verstehen, ist, in andere Gesellschaften einzutauchen, und so eine andere Perspektive auf die Welt einzunehmen. So lernt man auch sich selbst besser kennen, als wenn wir nur in der einen Kultur sind, nur den einen Blick auf uns selbst haben.

Die Geschichten der Anderen

In diesem Buch berichten Erwachsene von den Sonnen- und Schattenseiten eines Lebens, das von der Mobilität ihrer Eltern geprägt wurde. Jede Geschichte für sich steht für eine solche Reise und für einen Weg in eine facettenreiche, crosskulturelle Identität.

Leicht war der Weg für keine dieser Personen, und obwohl alle nun mit beiden Beinen fest auf dem Boden stehen, beruflich und privat ihren Weg gefunden haben, schwingen Trauer und Verletzungen in vielen dieser Geschichten mit. Doch diese Geschichten zeigen: Alle zehren von ihren Erfahrungen und bewerten ihr internationales Aufwachsen im Nachhinein überwiegend positiv. „Im Rückblick hat sich alles immer zum Besten gewendet", konstatiert etwa Alex, nachdem er Anfangsprobleme bei der Eingewöhnung in einer neuen Umgebung eingeräumt hat.

Ausnahmslos können die Interviewpartner ihr cross-kulturelles Aufwachsen beruflich nutzen, suchen sogar gezielt Berufe, in denen sie in einem internationalen Umfeld arbeiten können. Und diejenigen, die mehrsprachig aufgewachsen sind, können diese Fähigkeit in ihrem Beruf bestens einsetzen.

Die Geschichten zeigen auch: Eltern können eine Menge tun, um ihre Kinder zu unterstützen – wie bei Raquel, bei der immer Möbel und Spielzeug mit umzogen, damit sie in der neuen Umgebung Vertrautes vorfand. Oder, wenn das nicht möglich ist, können gemeinsame Rituale aufrecht erhalten werden, wie das Schabbatmahl, das in Ambers Familie fester Bestandteil der Woche war, egal, in welchem Teil der Welt sich die Familie gerade befand. Eltern können ihren Kindern vor allem auch bei der Identitätsfindung helfen und Selbstbewusstsein vermitteln, ihnen zuhören und das Gefühl vermitteln, dass sie in Entscheidungsprozesse einbezogen werden.

Aber auch gut vorbereitete Schulen und Universitäten können Heranwachsenden das Leben in einer neuen Umgebung erleichtern, wenn sie entsprechende Ressourcen und ausgebildetes Personal anbieten können. So berichtet zum Beispiel Myriam, wie sehr ein eigens für „international aufgewachsene Amerikaner" ausgerichtetes Programm an einer Universität in Ohio ihr das Einleben in den USA erleichterte, und Hui profitierte von einer Schule mit zusätzlichem Deutschangebot in Frankfurt am Main.

Den Geschichten ist gemeinsam, dass die Lebenswege bunter sind als die der meisten ihrer Altersgenossen. Vielen hilft es, eine eigene Gruppenidentität zu formulieren, sich etwa als TCK oder CCK zu bezeichnen. So tun es etwa Ruth, Raquel oder Lisa. Ute findet neben diesen Begriffen eine weitere Zugehörigkeit. Sie sagt: Ich bin Europäerin.

So finden sie alle – mit Ausnahme der kanadischen Diplomatentochter Amber – ihre kulturelle Identität jenseits nationaler Grenzen. Die Identifizierung mit einer Gruppe tut gut, zeigt auch Raquels Studie: Kulturelle Entwurzelung kann zwar zunächst zu einem geringeren Selbstwertgefühl führen. Doch wenn sich Individuen mit einer crosskulturellen Gruppe identifizieren können, dann schwindet das Gefühl der Entwurzelung und das Selbstbewusstsein steigt. Das Gefühl der Zugehörigkeit zur internationalen Gemeinschaft ist für viele TCKs oft stärker als die Verbundenheit mit einem bestimmten geographischen Ort.

Aber, und das ist das eigentliche Problem, wird dies von ihrer Umgebung oft nicht anerkannt, nicht verstanden oder gar abgelehnt. So entsteht das Gefühl, „anders" zu sein – was die meisten spätestens im Erwachsenenalter mit Stolz erfüllen wird, aber was im Jugendalter als problematisch empfunden werden kann. Dabei kann sich eine Person in verschiedenen Situationen beispielsweise selbst mal eher als Muslim, mal eher als Türke und mal überwiegend als Deutscher wahrnehmen – aber von der Umgebung nie wirklich als Teil einer dieser Gruppen anerkannt werden, genau so wenig, wie der „besondere Mix" als Ganzheit wahrgenommen wird.[xvi]

Um zu verstehen, was andere Menschen in unserem Umfeld bewegt, kann der Anfang ganz einfach sein: *Hören wir ihren Geschichten zu.*

Glossar

Adult Third Culture Kid (ATCK)
Ein Erwachsener, der als TCK aufgewachsen ist.

Crosskulturelle Kinder (CCK)
Der Begriff geht zurück auf Ruth E. van Reken. Sie erweiterte den Begriff TCK und schloss alle ein, die in ihrer Kindheit in verschiedene Kulturen eintauchen konnten:

- Kinder von Einwanderern. Da das Reisen durch Flugverkehr so viel einfacher ist als noch vor hundert Jahren, bewegen sich Heranwachsende – anders als die Einwandererkinder früherer Generationen – oft zwischen ihrer Heimat und der ihrer Eltern oder Großeltern hin und her.
- Kinder aus bi-nationalen/bi-kulturellen Partnerschaften
- Flüchtlingskinder
- Kinder von Minoritäten, deren Eltern sich in Ethnie und/oder Rasse von der Mehrheit ihrer Heimat unterscheiden
- Aus dem Ausland adoptierte Kinder
- Drittkulturkinder
- Inländische TCKs, die sich in ihrem Land zwischen verschiedenen Subkulturen hin- und her bewegen. Dies sind beispielsweise Kinder von Soldaten, die sich zwischen der Kaserne und ihrer „normalen" Umgebung bewegen. Oder auch Kinder, die auf internationale Schulen gehen und somit in ihrem Schulalltag eine andere Sprache

und eine andere kulturelle Umgebung auffinden als in ihrem Zuhause. Auch jene, die grenznah aufwachsen und häufig von einem Land beziehungsweise einer Kultur/Sprache in die andere navigieren, können gewisse Merkmale eines CCK annehmen, ebenso Menschen, die aufgrund eines Regimewechsels einschneidende Veränderungen in ihrem unmittelbaren Umfeld erleben – so etwa Menschen aus den Ostblockländern und Ostdeutschland nach dem Fall der Mauer oder Südafrikaner mit Ende des Apartheidregimes.

Drittkulturkind, Third Culture Kid, Global Nomad (TCK, GN)

Global Nomads (GNs), Third Culture Kids (TCKs) oder im Deutschen Drittkulturkind nennen Soziologen Menschen, die in mehreren Ländern aufgewachsen sind – Kinder, die auf Grund des Berufs der Eltern einige Zeit ihrer Kindheit und Jugend im Ausland verbracht haben. Dazu gehören die Sprösslinge von Geschäftsleuten, Diplomaten, Missionaren oder auch Militärbediensteten.

Für erwachsene Drittkulturkinder wird – abgeleitet aus dem Englischen „Adult Third Culture Kids" – oft die Abkürzung ATCK verwendet. Den alternativ gebrauchten Begriff Global Nomads prägte Norma McCaig, selber TCK und frühe Advokatin für die Belange der international aufgewachsenen Gemeinschaft.

In dem Buch *Third Culture Kids* von David C. Pollock und Ruth E. van Reken wird eine Reihe von Merkmalen von TCKs hervorgehoben. Demnach ist das Leben der TCKs geprägt davon, dass sie mit zwei oder mehr Kulturen großgezogen werden und tief in diese Welten eintauchen. Mobilität ist die zweite Realität, mit der diese Kinder aufwachsen. Entweder ziehen sie selbst häufiger um und müssen sich an neue Umgebungen gewöhnen und/oder Freunde und Bekannten ziehen ständig weg beziehungsweise zu. Die Welt, in der diese Kinder aufwachsen, ist geprägt von Fluktuation.

Aus dieser besonderen Kindheit entwickeln sich daher bestimmte Charakteristika heraus, die die Mehrheit der TCKs in unterschiedlicher Ausprägung vorweisen: So etwa ein holistisches Weltbild, allerdings auch oft wenig Bezug zu einem bestimmten Land, sowie eine hohe Anpassungsbereitschaft, aber geringe Identifikation mit einer Kultur.

Hinzu kommen sehr hohe crosskulturelle und soziale Kompetenz sowie oft Mehrsprachigkeit. Allerdings wiegt auf der Schattenseite oft ein ausgeprägtes Gefühl der Entwurzelung.

Kultur

Kultur im weitesten Sinne umfasst alles vom Menschen Geschaffene, und kann so im Gegensatz zur Natur verstanden werden. Im engeren Sinne beschreibt sie die Muster für Denken, Fühlen und Handeln einer Menschengruppe und die Art und Weise, wie sie durch Symbole (Musik, Kunst, Kleidung, Essen, ...) verkörpert werden. Kultur schließt auch die Werthaltungen und Normen, die eine Gruppe von Menschen vereint und die deren Lebensart charakterisieren, mit ein. Kultur in diesem Sinne ist nichts Instinktives, sondern etwas Erlerntes, das Menschen von ihrer Umgebung erfahren und das über die Generationen weitergegeben wird. Vor allem dieser Aspekt steht in diesem Buch im Vordergrund.

Bibliographie

Bennett, M. J. (1993). Towards ethnorelativism. A developmental model of intercultural sensivitiy. In Paige, M.R. (Hrsg) Education for the intercultural experience. Yarmouth, ME: Intercultural Press, S. 21–71.

Jakat, Lena: Mutmaßliche Boston-Attentäter: „Ich habe keinen einzigen amerikanischen Freund". In: http://www.sueddeutsche.de/panorama/mutmassliche-attentaeter-von-boston-amerika-fahndet-nach-antworten-1.1654077-2 (Stand: 2.2.2017).

Jentzsch, Michael / Zahn, Benjamin Kwato: Blutsbrüder, Köln: Bastei Lübbe, 2009.

Pollock, David C. / van Reken, Ruth E. : Third Culture Kids – Growing Up Among Worlds, Boston London: Nicholas Brealey Publishing, 3. Überarbeitete Auflage 2009.

Schiffler, Antje: Global Nomads – Vom Fluch und Segen, in mehreren Ländern aufzuwachsen. In: Scripten 9 Das kontext-Recherchestipendium (Essen), 9. Jg, 2005, S. 116-127.

Schultz, Tanjev / Sackmann, Rosemarie: „Wir Türken..." Zur kollektiven Identität türkischer Migranten in Deutschland. In: http://www.bpb.de/apuz/25970/wir-tuerken-zur-kollektiven-identitaet-tuerkischer-migranten-in-deutschland?p=all (Stand: 7.2.2017).

Van Reken, Ruth E. : Letters Never Sent, Kuala Lumpur, Houston, Norwich: Summertime Publishing 2012.

Wehner, Markus: Amokläufer von München war Rechtsextremist. In: http://www.faz.net/aktuell/politik/inland/f-a-z-exklusiv-amoklaeufer-von-muenchen-war-rechtsextremist-14359855.html (Stand: 2.2.2017)

Anmerkungen

---

[i] Gary Weaver war Direktor des Intercultural Management Institute der American University in der US-Hauptstadt Washington.

[ii] David C. Pollock (1939 - 2004) war US-amerikanischer Soziologe und hat gemeinsam mit Ruth E. van Reken *Third Culture Kids - Growing Up Among Worlds* verfasst.

[iii] Global Nomads (GNs), Third Culture Kids (TCKs) oder im Deutschen Drittkulturkind nennen Soziologen Menschen, die in mehreren Ländern aufgewachsen sind – Kinder, die auf Grund des Berufs der Eltern einige Zeit ihrer Kindheit und Jugend im Ausland verbracht haben. Dazu gehören die Sprösslinge von Geschäftsleuten, Diplomaten, Missionaren oder auch Militärbediensteten. Für Erwachsene Drittkulturkinder wird - abgeleitet aus dem Englischen „Adult Third Culture Kids" - oft die Abkürzung ATCK verwendet.

[iv] Am 20. April 1999 verübten Eric Harris (18 Jahre) und der damals siebzehnjährige Dylan Klebold einen Amoklauf an der Columbine High School, einer in einem Vorort von Denver im US-Bundesstaat Colorado gelegenen Schule. Sie töteten zwölf Schüler und einen Lehrer und brachten anschließend sich selbst um. Harris' Vater war Pilot bei der US Air Force.

[v] Beim Amoklauf am Virginia Polytechnic Institute and State University am 16. April 2007 tötete der damals

23jährige Student Seung-Hui Cho 32 Menschen und brachte sich anschließend selbst um. Cho war etwa 1992 mit seinen Eltern von Südkorea in die USA eingewandert.

[vi] Am 2. Dezember 2015 erschossen zwei Attentäter 14 Menschen in einer sozialen Einrichtung in San Bernadino im US-Bundesstaat Kalifornien. Bei den Attentätern handelte es sich um Syed Farook, einen in den USA geborenen Sohn pakistanischer Einwanderer, und seine Verlobte Tashfeen Malik, die zuvor aus ihrem Heimatland Pakistan über ein Verlobtenvisum in die USA eingereist war. Das FBI stufte die Tat als Terrorakt ein. Unter anderem wurden auf Facebook Maliks Sympathiebekundungen zum Daesh gefunden.

[vii] Bataclan ist ein Pariser Café, Theater und Konzertsaal. Die Anfänge reichen zurück bis in die 1860er. Am 13. November 2015 wurden bei der Anschlagsserie dschihadistischer Terroristen während eines Konzertes der US-Band Eagles of Death Metal 89 Menschen getötet, hunderte wurden als Geiseln genommen.Am 22. Juli 2016 tötete ein 18-Jähriger am Münchner Olympia-Einkaufszentrum neun Menschen und sich selbst. Der Täter war ein in München geborener Deutsch-Iraner, dessen Eltern in den 1990er-Jahren aus dem Iran geflohen waren. Der Täter litt unter einer psychischen Erkrankung und wurde von Gleichaltrigen gemobbt.

[viii] Pollock, David C. / van Reken, Ruth E.: Third Culture Kids – Growing Up Among Worlds, Boston London: Nicholas Brealey Publishing, 3. überarbeitete Auflage 2009. Deutsche Übersetzung: Pollock, David / van Reken,

Ruth: Third Culture Kids: Aufwachsen in mehreren Kulturen, Marburg: Francke-Buchhandlung, 1. Auflage 2003.

[ix] Schiffler, Antje: Global Nomads – Vom Fluch und Segen, in mehreren Ländern aufzuwachsen. In: Scripten 9 Das kontext-Recherchestipendium (Essen), 9. Jg, 2005, S. 116-127.

[x] Norma McCaig (1945 - 2008) war selbst TCK und Begründerin der Organisation Global Nomads International. Als Tochter eines leitenden Angestellten eines Pharmakonzerns wuchs die gebürtige US-Amerikanerin in Sri Lanka, auf den Philippinen und in Indien auf. Erst ihr Studium brachte sie später zurück in die US-Hauptstadt, wo sie seitdem blieb. Sie studierte Soziologie und widmete sich der „Erforschung" ihrer internationalen Kindheit, machte sich mit zahlreichen Veröffentlichungen und Vorträgen einen Namen. Sie prägte Mitte der 1980er den Begriff „Global Nomad".

[xi] Pollock, David C. / van Reken, Ruth E.: Third Culture Kids. S. 162.

[xii] Qigong ist eine aus China stammende ganzheitliche Meditations- und Bewegungsphilosophie für Körper und Geist. Sie umfasst Atem-, Meditations- und Bewegungsübungen. Der Begriff setzt sich zusammen aus dem chinesischen Wort Qi (auch: Chi), welches für Lebensenergie steht, und dem Wort Gong für Übung.

[xiii] Der Biafra-Krieg war ein nigerianischer Bürgerkrieg

von 1967 bis 1970. Ziel war die Unabhängigkeit des überwiegend von Christen bewohnten Gebietes Biafra im Südosten des Landes von der Bundesrepublik Nigeria, deren Regierung von den muslimischen Völkergruppen Hausa und Fulani dominiert wurde. Viele Amerikaner hatten damals die Biafra-Bewegung unterstützt, gewonnen wurde der Krieg aber von der Zentralregierung.

[xiv] Bereits bevor die Liberianischen Bürgerkriege ausbrachen (1989 bis 1996 und 1999 bis 2003) spitzten sich die Spannungen zwischen der Regierung von Präsident Samuel K. Doe vom Volkstamm der Krahn und den Oppositionellen (vom Stamm der Gio und Mano) zu. Ein Putschversuch im November 1985 vergalt die Armee mit einem Massaker an den Gio und Mano.

[xv] Van Reken, Ruth E.: Letters Never Sent, Kuala Lumpur, Houston, Norwich: Summertime Publishing 2012.

[xvi] Schultz, Tanjev / Sackmann, Rosemarie: „Wir Türken…“ Zur kollektiven Identität türkischer Migranten in Deutschland.
In: http://www.bpb.de/apuz/25970/wir-tuerken-zur-kollektiven-identitaet-tuerkischer-migranten-in-deutschland?p=all (Stand: 7.2.2017).